丘书院文库(第二辑)

经典的力量

王余光 邱冠华 主编

中国思想与宗教经典导读

刘悦 编著

西藏人民出版社

图书在版编目（CIP）数据

中国思想与宗教经典导读/王余光，邱冠华主编，刘悦编著.——拉萨：西藏人民出版社，2018.07
虎丘书院文库第二辑·经典的力量
ISBN 978-7-223-05719-6

Ⅰ.①中… Ⅱ.①王… Ⅲ.①思想史–著作–介绍–中国②宗教–著作–介绍–中国 Ⅳ.①B2②B929.2

中国版本图书馆 CIP 数据核字(2017)第 249198 号

虎丘书院文库第二辑·经典的力量
中国思想与宗教经典导读

主　　编	王余光　邱冠华
编　　著	刘悦
责任编辑	计美旺扎　郑桂森
封面设计	丹那
出版发行	西藏人民出版社(拉萨市林廓北路 20 号)
印　　刷	苏州彩易达包装制品有限公司
开　　本	880×1230 1/32
印　　张	6.625
字　　数	120 千
版　　次	2018 年 7 月第 1 版
印　　次	2018 年 7 月第 1 次印刷
印　　数	01-2,500
书　　号	ISBN978-7-223-05719-6
定　　价	24.00 元

版权所有　翻印必究

《虎丘书院文库》(第二辑)编委会

编委会顾问：吴 镕

编委会主任：王 尧　王余光

编委会副主任：马亚中　陈东兴　邱冠华

编委(以拼音为序)：

蔡连生　陈 晨　逄成华　龚咏梅

李西宁　李 杨　刘 悦　宋 浩

沈建东　陶先刚　吴海梁　熊 静

徐 雁　余振苏　张文贤　赵 晓

《虎丘书院文库》总序

王余光

一

经过一年多的努力,《虎丘书院文库》的第二辑又将与读者见面了。回顾《文库》走过的历程,从2014年底开始筹划《虎丘书院文库》的编撰事宜,到2016年初第一辑《传承的力量》问世,再到今天第二辑《经典的力量》付梓,在虎丘书院投资人的鼎力支持下,《虎丘书院文库》已经形成了一定的规模和品牌效应。通过《文库》的编撰,虎丘书院与作者团队在"促进经典共读,传承中华文明"方面的构想正在逐步得以实现。我们相信,随着第二辑的正式出版,《虎丘书院文库》会越办越好,能够更加广泛地激发人们对中华传统经典的兴趣,进而主动参与到《文库》建设中来,形成一批经典阅读的优秀成果,为虎丘书院的发展以及构建全民阅读的书香社会做出贡献,这也是我们策划这套书的初衷。

苏州古城,向称人文渊薮。据学者考证,自南宋和靖书院以来,书院林立,仅清一代就建成各类书院53座。书院推动了苏州的教育,培养了大量人才,繁荣了苏州的文化。虎丘山麓,钟灵毓秀,自古以来便是文人雅集、诗歌酬唱之所,有着悠久的历史底蕴和文化积累。2012年，虎丘书院正式设立，以传承苏州文脉、弘扬国学经典为己任，以培训、讲座、故事、图书借阅等多种形式向市民提供免费服务，同时，书院投资人邀请笔者为书院的学术研究出点力，有感于他回馈乡邦的热忱，笔者欣然从命，这是《文库》编撰之缘起。

虎丘书院设立的初衷，一方面是为了延续虎丘地区千载以来的文脉传承，恢复虎丘山麓的历史文化风貌。另一方面，也是更为重要的，是希望通过书院的建设和相关工作的开展，弘扬和传承中华文化，以重振国学为宗旨，支持学者、爱好者从事国学方面的学习和研究，开展国学教育、国学交流等公益文化事业。书院建成以来，已经举办了一系列针对不同受众群体的研习活动，如面向学龄儿童的《弟子规》诵读班和"知心姐姐故事会"、面向大众的《黄帝内经》讲习班和"红学研习班"、面向较高文化层次人群的易经、太极文化研修班等。在学习和授课的过程中，我们经常得到这样的反馈，那些对传统文化、古代经典感兴趣的人们，常常面临阅读方面的困惑。读什么？怎么读？是在交流过程中最常被提出的问题。正是鉴于这种情况，虎丘书院投资人与笔者一起策划出版《虎丘书院文库》，分批分层次地推出一批中国传统经典导读书籍，为国学爱好者学习研读古代经典提供借鉴。

二

虎丘书院建设和运行的投资者，是苏州当地的一家民营企业。企业建设书院、开展公益服务，甚至不愿被人知晓企业的名称，常常被人质疑企业举办书院的目的，以及传承国学经典与企业经营之间的关系。

人的本质是一切社会关系的总和，不论是独立的个人，还是机构或企业，在生存和发展的过程中会与社会环境互相影响。企业投资开办虎丘书院是希冀通过履行社会责任，营造良好的社会环境，社会环境越好，越有利于企业的生存和发展。而所谓的社会环境，其根源来自于这个国家、民族所有的传统文化，也就是说，历史总是在不经意间，以各种各样的方式影响着现在。所以，不了解历史，不能领会传统文化的精髓，也就难以正确地处理今天所面临的现实事务。古往今来，先贤们已经从多个角度阐释过这个道理，"疑今者察之古，不知来者视之往"(《管子·形势》)，强调了要古为今鉴；"死亡的历史会复活，过去的历史会变成现在"(克罗齐)，阐明了历史与当下的辩证关系；"回顾得越远，可能前瞻得越远"(丘吉尔)，提出了回顾历史的现实价值。

可见，一个民族、国家的传统和历史，并不只存在于书本纸张之上，而是在我们日常的一言一行中发挥着作用。甚至具体到商业运作上来说，传统经典的作用也是不能被忽视的。早在先秦典籍之中，古人就已经总结出了许多国家治理和事务管理的有效经验，时至今日也没有过时，展卷细读，仍可从中感受华夏先民的智慧之光。比如，《周易·系辞》说"天之所助者，顺也；人之所助者，信也"，强调为人处世必须顺应大道，诚实守信。《孙子兵法·虚实》中说："兵无常势，水无常形，能因敌变化而取胜者，谓之神。"告诉我们在商战经营中要审时度势，正确地做出决定。类似的经验之谈在古代典籍中俯拾皆是，对于生产、经营都有很高的指导价值。上面谈到了历史经验和传统文化对现实生活的价值和意义，那么，作为一个普通人，我们应该如何了解和领悟历史之美呢？最简单、也最有效的方法，莫过于阅读传统经典。流传至今的古代经典著作，经过了数千年历史的考验，是古人智慧的结晶，而阅读则是沟通古今的桥梁。在今天这样一个信息爆炸的时代，为什么还要阅读传统经典？笔者认为，至少有以下三个方面的原因。

首先，中国古代有着非常悠久的阅读历史，并且形成了经典崇拜的阅读传统。在物质资源还不丰富的古代，古人读书往往要通过手抄默诵的手段，书籍得来不易，读书人都格外珍惜，因此留下了许多勤学苦读的动人故事。除了书籍本身的贵重，书已经成为了古代读书人生活中不可缺少的部分，明代的一位学者就曾说过："可无衣、可无食，不可以无书"。古人爱书、读书，甚至到了嗜书如命的地步，除了追求广罗善本、插架琳琅，还十分重视总结各种读书经验和读书方法，对于我们今天阅读传统经典具有广泛的指导意义。在阅读内容方面，自古以来，中国人就十分强调阅读经典，《隋书·经籍志》说："夫经籍也者，机神之妙旨，圣哲之能事，所以经天地，纬阴阳，正纪纲，弘道德，显仁足以利物，藏用足以独善"。足见经典在古人心中的分量。而后的历朝历代，虽然经典的定义在随着时代发生变化，但阅读经典一直是人们读书的基本选择。

其次，阅读经典是完善个人修养，提高教养的重要方式。"修身、齐家、治国、平天下"，是中国古人追求的完美的人生进境。修养自身，是为人处世的第一步。而阅读则是提高个人修养，培养教养所必不可少的手段。1923 年，梁启超先生在《治国学杂话》中就提出，中国的学人有必要读一些传统经典。1925 年，《京报副刊》组织了一场"青年爱读书""青年必读书"各十部的征求活动，收到了当时最为著名的 70 余位学者的响应，开列了相关书单。可见，阅读经典的作用得到了学者们的一致认可。而我们为什么要重视经典阅读？除了文化传承的意义而外，经典凝结了数千年来中国人的人生经验，囊括了为人处世的方方面面，通过阅读前人的经验，可以让现在的人们在人生的道路上少走弯路，可以培养我们健全的人格，善良的心灵。

第三，传统经典可以为我们提供处理人际关系、社会事务的各种方法和经验。经典是前人知识的宝库，正如苏轼在《李氏山房藏书记》中所说："用之而不弊、取之而不竭，贤不肖之所得各因其才,仁智之所见各随其分,才分不同而求无不获者,惟书乎!"今天我们在社会生活中遇到的种种问题,求诸经典,往往能够得到令人耳目一新的答案。古代典籍,本身也源自于古人对生活和实践经验的总结。这些经验和教训对于处理今天的社会事务也是同样适用的。

三

前面我们总结了经典阅读的作用和价值,在当今的社会环境下,人们并非没有认识到传统经典的价值,而是苦于没有好的阅读方法和阅读指导。针对这种情况,2014年底,虎丘书院投资人与笔者协商,希望编撰一套为国学爱好者提供传统经典阅读方面指导和建议的丛书。根据笔者多年从事中国传统经典阅读教学和经典阅读推广工作的经验,由于古代汉语教育的缺失,当今的读者,特别是青少年读者在阅读传统经典方面普遍存在语言障碍。因此,我们策划的这套《虎丘书院文库》,涵盖了推荐书目、原典注释、全本导读等系列书系,在选题策划和组织撰写的过程中,充分考虑读者对象的实际需求,引入分级阅读的理念,争取建立一套立体的、全方位的传统经典释读体系,将《文库》打造成为本领域的著名品牌。

2016年春节后,《虎丘书院文库》第一辑《传承的力量》出版。

该书由虎丘书院投资人委托北京大学王余光和苏州图书馆邱冠华组织团队编撰完成。《传承的力量》一套五本，是古代经典名著的选注本。分主题从先秦至清代的典籍中，选择最能代表传统文化精髓的名篇，寻章择句，确定选文，在此基础上，提供注释和翻译。在内容方面，选取了与为人处世关系最为密切的五个主题：修身立德、读书治学、治家教子、安身处世、为官从政，各成一册。每个分编下，又细分出六至八个小类，译文以"信"为主，兼顾"达、雅"。每册正文前有编译者撰写的导言，介绍本编内容、选文出处、分类情况等等。

第一辑推出后，取得了较好的反响。2016年初，按照《虎丘书院文库》的整体策划，启动了第二辑的编撰工作，仍由王余光和邱冠华担任主编。第二辑《经典的力量》，采用全本导读的形式。从中国古代瀚如烟海的经典著作中，分主题选择了100本得到人们广泛认可，流传时间长，影响巨大的作品，为之撰写导读。分为《中国思想与宗教经典导读》《中国政治与文化经典导读》《中国艺术与科技经典导读》《中国史学经典导读》《中国文学经典导读》五册，每册收书20种。在选择书目的过程中，遵循了以下原则：第一，代表性原则，优先选取每类中认可度最高的著作。第二，体裁多样，均尽可能全面地覆盖每类的各种体裁，如史学的编年史、纪传史、地理史等；文学的总集、别集、文学理论等。第三，兼顾区域史和民族史。中国是一个统一的多民族国家，每个民族的文化遗产都是中华文明不可分割的重要组成部分。每册前的序言,系统论述了古代学术的发展历程和主要特点,介绍了本册的选书标准和主要内容。正文由 20 篇导读构成,每篇导读的主要内容包括:该书的作者和成书过程;该书的主要内容及阅读方法;该书的流传情况和在当代社会的意义。这套丛书可供国学爱好者参考,了解古代经典的基本情况,并提供阅读建议。由于作者水平有限,疏漏之处在所难免,衷心地希望读者朋友多提宝贵意见,帮助我们不断完善本书。

最后,在本书即将面世之际,笔者谨代表作者团队向虎丘书院投资人一直以来的信任和支持致以谢忱。同时,特别感谢西藏人民出版社对经典阅读推广工作的热情,该社社长刘立强,藏文编辑部主任才让多杰,都为本书的顺利出版付出了大量的心血。全民阅读工作的推进和书香社会的建设,离不开社会各界的共同努力,在此一并表示谢意。

中华民族是一个尊重历史、崇尚古训的民族,传统经典在中国人的生活中占据了不可替代的位置。阅读经典可以使人明理,可以培养我们知人阅世的能力,是滋养内心的养料,是让我们心灵强大的源泉,这是阅读的力量,也是经典传承的意义。

是为序。

2017 年 7 月 12 日

目 录

序 ……………………………………………………………… (1)
前言 …………………………………………………………… (1)
《周易》……………………………………………………… (12)
《孙子》 孙武 ……………………………………………… (23)
《老子》 老聃 ……………………………………………… (33)
《墨子》 墨翟 ……………………………………………… (44)
《孟子》 孟轲 ……………………………………………… (53)
《庄子》 庄周 ……………………………………………… (62)
《荀子》 荀况 ……………………………………………… (70)
《淮南子》 刘安等 ………………………………………… (80)
《论衡》 王充 ……………………………………………… (90)
《太平经》…………………………………………………… (98)
《抱朴子》 葛洪 …………………………………………… (107)
《坛经》 释慧能 …………………………………………… (116)
《周濂溪集》 周敦颐 ……………………………………… (125)
《二程全书》 程颢、程颐 ………………………………… (133)
《传习录》 王守仁 ………………………………………… (142)
《明夷待访录》 黄宗羲 …………………………………… (151)
《新学伪经考》 康有为 …………………………………… (161)
《盛世危言》 郑观应 ……………………………………… (170)
《天演论》 严复 …………………………………………… (179)
《东西文化及其哲学》 梁漱溟 …………………………… (189)
跋 ……………………………………………………………… (199)

前　言

　　中国是一个拥有五千年历史的文明古国，从文明开化之日起，先民们便从未停止对于宇宙人生的终极追问。人类从何而来？我们生活的世界是如何形成的？在远古先民的不断探寻下，"女娲造人""盘古开天辟地""后羿射日""夸父追日"等带有神话色彩的传说，代代流传下来，记录了中国人对于宇宙起源，人类诞生的种种思考。在这些貌似天马行空，荒诞不经的故事背后，蕴含着古代中国人对自然界和人类社会运行法则的初步探索，这样的探索和思考，直接孕育了中国传统学术中最为发达的两支——哲学与宗教的萌芽。神话故事中那瑰丽的想象，源于先民对生活最直接的感性认识，而这种感性认识，在人类思维发展到一定阶段，由感性认识上升到理性思考后，逐渐演化为两个学术分支——哲学和宗教。

　　哲学是理论化、系统化的世界观，是关于自然界、人类社会、人生等根本问题的反思和追问。宗教则是人类社会发展到一定历史阶段产生的一种文化现象，属于一种特殊意识形态，通过信奉神明等超自然的力量，来获得现世的解脱。简单地说，对于教徒来说，宗教思想就是他们认识世界的法则。哲学和宗教都是人类思维的产物,所探讨的都是万事万物发展变化的规律,从这个意义上说,两者都是世界观和人生观的基本形态,是人对自然界、社会和人生的一种认识、体悟和理解,是人类对于安身立命之道的寻求,是人类思维活动的高度抽象凝练。中国传统文化,虽以儒家思想为核心,但在长期的发展过程中,儒家学说与以佛、道为代表的宗教思想相互融合,共同奠定了煌煌中华的文化底蕴。古人倡导的"三教合一",就包括了"儒、释、道"三家,儒家即儒教,释家即佛教,道家包括道学和道教。这三家思想长期并存,相互交融,相互影响,取长补短,一起铸就了中国人和而不同的思想体系。

"儒"作为一种职业,早在商周时期就已经产生。在这一时期,"儒"指祭祀前沐浴斋戒的术士。中国古代是一个典型的农耕社会,以家庭为单位,男耕女织,维持生计。农业社会对自然气候,天时地气具有非常强的依赖。因此,中国人一直讲究"敬天法祖",对祖先以及各种神秘的自然力量有着发自内心的信仰和崇拜。彼时,人们已经开始用龟甲蓍草等进行占卜,《周易》更是以阴阳解说社会现象,是占筮方面的集大成者。西周后期,周王室失去了对诸侯国的控制,中原大地战争频发,儒士逐渐失去安心事天的环境,皇室也不再能为祭祀活动提供保障,早期的儒士开始顺应时代要求,抛弃原始神学体系,而将目光转移到人伦关系上来。

先秦时期的王权衰落与礼制崩坏导致了社会巨变,为文化发展提供了一个契机。春秋战国时期,人们突破传统的束缚,独立思考,自由创作,大师辈出,学派蜂起,造就了中国思想史上著名的"百家争鸣"。诸子百家的思想和学说,是中国古代哲学的源头,也孕育了本土宗教的诞生,后世中国学术的发展基本未脱先秦诸子所确立的范畴。

墨家是诸子百家中宗教色彩最为明显的一家,承认天志鬼神的存在。兵家主张运用武力,以战争的方式来达到统一国家的目的。法家否认有鬼神,反对各种巫卜活动,具有比较鲜明的无神论观点,主张依法治国。名家以善辩著称,研究"名、实"关系。阴阳家把阴阳、五行、气等学说相互结合,糅合数术与阴阳五行,形成了一个重要的哲学流派。纵横家崇尚谋略及言谈辩论的技巧,主张合众弱以攻一强或事一强以攻诸弱。农家是反映农业生产和农民思想的学术流派,主张推行耕战政策,奖励发展农业生产。杂家则为兼采各家之学的综合学派,集合众说,兼收并蓄。

而诸子百家之中,对中国社会影响持续且最为深远的莫过于"儒、释、道"三家。儒学脱胎于三代的礼乐文化,故从其产生伊始,就具有注重文化传承的特点。儒学的传承在先秦时期主要经历三大阶段。首先是孔子时期,孔子对儒学有两大创造性的贡献,一是对仁的定义和阐述,二是对礼的认识与改造。第二阶段是"七十子"时期,他们上承孔子之言,下启各派之流,使得儒学能够薪火相承。第三阶段是孟荀时期,孟子继承孔子仁学思想,其学说以"性善""仁政"为中心。荀子继承并发展了孔子的礼学思想,主张

"性恶",要求以礼修身重塑人性。

道家学派是先秦诸子中较早崛起的一个学派,也是中国古代哲学的主要流派之一。学派创立于春秋后期,以老子和庄子为代表。近世有人把以老子和庄子为代表的学者称为"先秦道家",先秦道家为道家学术思想发展的第一阶段。老子提出一个以"道"为核心的价值体系,包括了哲学思辨、社会政治理论和人生关怀等丰富的内容。老子之后,战国初年,道家又有杨朱、列子、关尹之学。对老子思想加以继承并有较大超越和突破的是生活于战国中期的庄子,他改变了老子对社会政治的一般性关注,致力于探讨个体生命存在的意义与价值,将对人生的关怀发展为对人格独立和精神自由的追求。战国中后期,南方楚文化的老子学说与北方中原文化的黄帝崇拜相融合而形成了"黄老之学"。"黄"是指华夏民族的共同始祖黄帝,"老"即指先秦道家的老子。秦汉"黄老之学"是道家发展的第二阶段。

汉初百废待兴,统治者采纳"黄老之学",施行"无为而治",休养生息,恢复经济,"黄老之学"在政治生活中发挥了积极作用,出现了"文景之治"。随着汉朝经济的稳固与强盛,汉初追求无为的黄老思想已经不能满足统治者加强中央集权的需求。因此,当董仲舒提出"罢黜百家,独尊儒术"的口号时,立刻得到了汉武帝的大力支持。从此,"黄老思想"逐渐退出了政治舞台,并向注重个体避世修身以求成仙的黄老道演化。而儒学经过董仲舒的改造,一方面发展天人感应思想,建立君权神授论;另一方面,吸收阴阳五行思想,神秘化封建等级秩序,使汉代儒学沾染上了浓厚的宗教色彩。汉末之时,儒家经学趋于衰落,社会动荡,政治分裂,为诸子思想的自由阐发创造了客观的社会条件。

魏晋时代,名士谈玄论道一时蔚然成风,道家思想的发展迈入第三个阶段。由于当时的思想家把《老子》《庄子》《周易》作为谈论和研讨的对象,三者合称"三玄",又因为谈论的内容大多涉及远离具体事务的"玄远之学",所以后世将这一时期的哲学思潮称为"魏晋玄学"。魏晋玄学探讨的内容,包括了"有无、体用、本末、动静、一多"等众多中国哲学命题,属于高度抽象的哲学思辨范畴,极大地提高了中国哲学的理论思维水平,在中国哲学史上产生了深远的影响。魏晋以后,从印度传入的佛学经过与中国文化的冲突与融合,逐渐完成了佛教和佛学中国化的历史过程。

隋唐时期,佛学发展至鼎盛阶段,最终成为中国传统文化的三大主干之一。在隋唐皇权的鼎力支持,佛教进一步发展,于唐朝中叶走向全面兴盛。唐代皇族大多对佛教持有尊崇扶持态度,大力支持修造佛教建筑,鼓励民众出家,广交僧侣,奉迎佛骨,给予高僧大德很高的礼遇。佛教已成为唐代高宗与武则天时期事实上的国教。彼时佛教的八大宗派确立并定型,八大宗派的形成又推动了全社会的佛学信仰。

道教是中国的本土宗教,形成于东汉中后期,黄老道的神仙思想化与儒学谶纬化是道家学说从哲学到宗教化发展的历史中介。道教的教义思想内容,初期比较粗糙、不成系统,随着南北朝时期教团组织的整顿和发展,一些道教思想家对于道教教义的整理、深研和阐发,如北朝寇谦之"清整道教",南朝陆修静整理"三洞"经书,陶弘景排列道教神系,臧玄静阐述道教"玄学",使道教的宗教思想理论得到了长足的发展。隋唐的重玄学是道家思想发展的第四个阶段,继承和发展了先秦道家的老庄思想,并融合了大乘佛学思想,主张"非有非无"的思想观念,是纯粹道教义理的阐述和论证,属于哲学的范畴,从而体现了一种宗教向哲学的回归。这种回归,上接魏晋以后悄然消逝的道家义理的思想脉络。隋唐时期的道教思想逐渐臻于成熟,为道家学说发展成为与儒学、佛学并列的中国传统文化"三学"之一奠定了基础。

安史之乱后,唐王朝由盛转衰,繁荣的经济因战祸遭到极大的破坏,佛教也失去了唐初的蓬勃之气。由于古代法律规定,包括僧侣在内的出家人享有免税的待遇,为了躲避战火和国家税收,大量农户依附寺庙,造成了非常严重的土地兼并,给唐王朝的经济带来了严重影响。至唐武宗时期,终于发生了佛教史上著名的"武宗灭佛"事件,佛教和佛学的发展遭受了打击。

而儒学作为古代正统思想,一直被千古以来的读书人奉为正宗,代有佳作问世,丰富了儒学的内容。特别是在两宋时期,大儒辈出,北宋二程草创,至南宋朱熹而大成的程朱理学,成为中国古代社会后期长期占据绝对统治地位的官方思想体系。

宋元时期,以韩愈、李翱为代表的知识分子发起了"古文运动",以文学改革为号召,兼具思想改革和社会改革的性质,旨在一改六朝以来奢靡华丽的文风,恢复两汉以来的儒学道统。这一运动带来的直接结果就是:理学在宋代的诞生,它是儒释道长期冲突与融合的结果,紧承儒学,又对儒学进行创新,为儒学的复兴做出了巨大贡献。

北宋周敦颐是理学的开山祖师,此后出现的张载、程颐、程颢都是这一时期非常著名的理学家。南宋理学进一步发展,一方面程朱理学体系建立并逐步成为学术思想的主流,另一方面理学内部出现了理学和心学的分化,成为后来宋明理学向着程朱理学和陆王心学两个不同的路向发展的开端。

与此同时,道家思想发展进入第五个阶段——内丹心性学。道教内丹学的终极目标是炼丹成仙,是一种宗教信仰。

明代初期,是"理学"向"心学"的过渡阶段,在整个理学史上起到了承前启后的重要地位。明代初期,"程朱理学"已被确立为正统思想,处于独尊地位。明代理学的发展,尤其是明初理学,在整个理学的发展史上可以说占据着非常重要的地位。"程朱理学"和"陆王心学"先后在宋明理学发展的不同阶段居于学术思想的主流地位。"程朱理学"自北宋以来直至朱熹集大成而最终确立,形成一套完整的理论体系,在明代中后期以前一度在学术思想上占据了统治地位。但是进入明中后期，随着王阳明思想的出现，"陆王心学"体系得以最后确立，打破了"程朱理学"的独大局面。

近代以来，在中国积贫积弱的落后局面下，随着西方社会思潮的涌入，部分有识之士深痛家国不幸，心怀匡扶之志，开始将目光转向域外，积极寻求救国图存之道，中西思想也在此时发生了激烈的交锋，产生了一批影响深远的思想史巨著。比如康有为在其代表作《新学伪经考》中反对当时流行的程朱理学，为变法维新扫清障碍，起到了思想解放的作用。

在西学东渐的浪潮中，近代意义上的中国哲学学科也在20世纪初正式诞生了。中国知识界对西方哲学，或曰思想史的了解，是由严复、梁启超、王国维、蔡元培等人翻译、介绍西方典籍或转译日本著作开始的。这也决定了近代中国哲学，或者说思想史研究的一个最显著的特点，即既对西方学术有专深的研究，同时也精通中国传统的义理之学。回顾整个20世纪，凡是在思想史上产生影响的名篇，无不符合这一特征。如梁启超《论中国学术思想变迁之大势总论》、蔡元培《中国伦理学史绪论》、梁漱溟《东西文化及其哲学西洋中国印度三方哲学之比观》等诸篇，都是今天思想史领域的经典名篇。

与此同时，20世纪的宗教学研究也取得了令人瞩目的成就，受西方社会科学思潮影响，这一时期的宗教学研究者，摆脱了信仰的束缚，从义理演变、宗教思想进步的角度来梳理中国宗教的发展脉络。如许地山的《道教史道家思想与道教》、陈寅恪的《天师道与滨海地域之关系》、汤用彤的《汉魏两晋南北朝佛教史》等,完成了宗教学学术化、系统化的转变。概言之,19世纪后半期以后的中国的思想和宗教研究,迎来了自百家争鸣之后的另一座巅峰,滋养了近代学术和中国社会的历史转型,其影响至今仍未消歇。

　　由古至今,人们对于生命意义的思考,对于宇宙自然的探索从未止歇。科技的发展一方面给人类创造了便利,另一方面也给人类带来各种情绪焦虑和精神恐慌,使人类更加渴求精神的慰藉,而哲学和宗教具有启迪和抚慰人类心灵的功能。智慧深邃的宗教和哲学,影响着我们的民族文化,塑造着我们的民族精神。宗教温和而教人向善,通过修习宗教学说和宗教戒律,做到去颠戒痴、去淫邪,与人为善、热爱生命的生活状态,最终达到内心的宁静。信仰会让人做坏事时心生畏惧,有所约束,形成法律与道德的最后一道防线,在绝望无助时,给人以心灵的平静与安慰。哲学展现的是思考的魅力和生活的智慧,这些智慧足以让人获得尘世的救赎和幸福。对哲学书籍的阅读在帮助人们破除对过去的执着和对未来的忧虑方面具有不可替代的作用,阅读思想和宗教经典,可以帮我们与存在和解,活在当下。而对于社会发展与中国文化走向的探讨,更引发我们对传统文化的深思与继承。对于哲学和宗教等思想的探讨,在圣人先哲的论著中俯拾皆是,限于篇幅,不能一一道来,唯有从历代佳篇中选取一些有代表性的思想论著,以时间为轴,撰写导读,梳理一二思想精华,旨在让人们了解中国思想与宗教文化的传承与发展,以思想和宗教的力量滋养我们的心灵,从而获得灵魂上的真正自由。

从老子、孔子,到孟子、荀子、墨子,从秦汉儒家到宋明理学,中国古代的思想巨匠们怀着悲悯苍生的情怀关注着人类社会的发展,思考着人与世界的关联,展望中华民族的未来。阅读古代的思想和宗教经典,首先要了解中国思想和宗教学说的发展历程,对中国传统文化和思想精髓有一个概要的了解,以便从中选择能够引起内心共鸣的著作进行精读。其次要有包容的心态,海纳百川有容乃大,不管是古代思想还是宗教学说,其中有大量值得继承的传统文化精髓,同时也有不少已经不适应时代发展的陈腐思想,比如儒家学说中的忠君思想,宗教学说中的迷信思想等。今天我们在阅读古代思想与宗教经典著作时,应该保持宽容的心态,继承和学习其中引人向善,教会人们与自然、自身、他人和社会和解的思想和理念,自动摒弃那些已经被时代抛弃的观念。第三,从古至今,思想和宗教学说一直是一个生长着的有机体,历朝历代都会产生一批思想巨匠,不断丰富中国古代思想与宗教学说的内涵,今天也不例外。在阅读和学习经典著作的过程中,我们也不应放弃自己的思考,从本质上深刻理解中国传统文化的内核,并赋予它时代的新生,这既是我们这代人不容推卸的历史使命,同时也是中华民族重新崛起,建立文化自信的必然要求。

阅读思想与宗教经典的过程就是学习和成长的过程，一个人的成长离不开传统文化的滋养，如果说思想是土壤，文化是根基，那么阅读则是汲取养分的最好方式，是对思想文化的最佳传承。

限于学识，本书的疏漏之处在所难免，衷心地希望读者在阅读本书的过程中，能够就其中发现的问题与我们展开讨论，让中华思想与宗教学说的经典著作能够代代流传，成为滋养我们心灵的养料。

《周易》

《周易》是先秦儒家重要经典之一,也是中华古文化土壤上开出的一枝奇葩,对中国文化的发展产生了极深远的影响。

《周易》包括《易经》与《易传》两个部分。从《易经》到《易传》经历了漫长的过程,从一个方面反映了中华民族思维水平和认识能力的提高。

《易经》是一部由六十四卦组成的远古占筮之书。每卦里有卦画、标题、卦辞、爻辞四个部分。旧传伏羲画卦,文王作辞,并不可靠。根据现代学者研究,《易经》不是出自一人之手,而是商周之际的一批巫、史和卜官,参照世代相传、不断积累的占筮资料和社会生活经验逐步整理加工而成的,在以后的漫长历史岁月中,后人又根据自己时代的经验给予进一步补充和修订。近十几年来的考古发现证明,《易经》成书经历了一个相当长的过程。例如,长沙马王堆三号汉墓出土的《周易》帛书,就与现存《易经》不尽相同。但把《易经》定为商周之际成书,则是可以成立的。

由于《易经》是根据占筮资料与社会生活经验逐渐整理、加工而成的,因此,它不仅仅讲占筮,预见吉凶成败,而且涉及古代的历史事件、战争情况、生产经验、商业贸易、婚姻习俗、宗教祭祀、民间歌谣等广泛内容,从而具有了相当丰富的历史文化内涵,蕴涵着古代占筮、宗教、神话、艺术、文学、科学、哲学、史学诸方面的资料。直到今天,人们仍可以从中发现商周史迹,考察古代民俗,提炼哲学思想,甚至找到世界上最早的关于太阳黑子的记录。这些都说明,《易经》是中国文化童年期的智慧结晶。

《易经》中最有价值的内容,是它的独特的朴素辩证思维方法——阴阳互补方法。由于《易经》是一部远古占筮之书,因此,这种阴阳互补方法不是通过理论的逻辑论证来阐发的,而是通过一种特殊的图象符号系统和文字解释系统来表达的。

构成《易经》阴阳互补方法基石的,是"▬▬▬""▬ ▬"这一对象征性的符号。这两个符号被称为"爻",表示性质相反的两种事物或力量。以这两个符号为基础,进行相互组合,每三个爻组成一个"卦",形成八卦,即"☰"(乾)、"☷"(坤)、"☳"(震)、"☴"(巽)、"☵"(坎)、"☲"(离)、"☶"(艮)、"☱"(兑)。八卦再两个一组地排列组合,六爻一组,构成了六十四重卦。六十四重卦按照一定的次序组成了一个完整的卦画体系,这就是《易经》的图象符号系统。这个图象符号系统的建立,为我们的先人提供了一个认识、把握、理解对象世界的辩证思维框架。

那么,"▬▬▬""▬ ▬"这两个符号是怎样产生的呢?它们的原始意义是什么呢？现代学者们曾对这两个符号的起源提出了各种各样的说法，有的认为起源于男女生殖器崇拜，有的认为起源于用蓍草作筹算的排列，有的认为起源于对日象与月象的观测。近十几年的考古学研究证明，这两个符号起源于远古先民对于数的神秘崇拜，是由数字逐渐演变而来的。在商周遗址发掘出的一些卜骨、土陶器及青铜器上，常由6个数字组成的数字组出现，其中"一"与"∧"（六）两个数字出现最为频繁。这些数字组实际上是商周时期的筮数卦。由于"一"与"∧"（六）两个数字使用最多，因而逐渐成为奇数与偶数的代表。再进一步演变，"一"字成为了"▬▬"爻，"∧"字则逐渐被写成了"儿"，最后成为了"▬ ▬"爻。因此，在《易经》中，"▬▬""▬ ▬"两个符号，其本来意义是"一"与"六"，代表奇数与偶数，体现了远古先民对数的神秘崇拜。尽管"▬ ▬""▬▬"两个符号已代表着两种性质相反的事物或力量，但它们仍与占筮联在一起，与数的神秘崇拜联在一起，不能与"阴""阳"这一对标志对立面相反相成的古代哲学范畴等同起来。总之，《易经》图象符号系统的形成，有一个由筮数到符号的漫长演变过程。

《易经》图象符号系统，以抽象空间的形式充分显示出阴阳互补方法的基本点。在《易经》中，全部图象符号系统的基础是"▬▬""▬ ▬"两个符号。这两个符号相互结合，由简单到复杂，由少数而多数，终于演成六十四卦。在六十四卦中，任何一个卦可以找到另一个卦，其六个爻刚好相反，如"☳"（震）与"☴"（巽）、"☵"（坎）与"☲"（离）。这样，六十四卦可以分为相互交错的三十二对，以"䷀"（乾）、"䷁"（坤）二卦为首，而以"䷾"（既济）、"䷿"（未既）二卦为终。这些都使人领悟到，世界万物从根本上是由性质相反的两种基本的事物、力量组合、建构而成；而世界万物之间，又都表现出一种互相矛盾的性质。这些都表明，在《易经》的卦象之中，已明确地显示了朴素的对立统一思想。与这种朴素的对立统一思想相联系，《易经》图象符号系统又显示出一种互补性和对称性。"—""--"两个符号相反相成，构成八卦及六十四卦，这本身就是一种互补。在六十四卦中，任何一个卦可以找到另一个卦，其六个爻刚好相反，这是一种更复杂的互补。同时，这种互补性本身又蕴涵着对称性。由于六十四卦可以分为相互交错的三十二对，因此把这三十二对卦排列起来，又表现出一种相当优美的对称性。进一步，《易经》图象符号系统还提出了矛盾转化问题。在六十四卦中，绝大多数的卦象在颠倒过来之后，就成为另外一卦象。例如，"䷐"（随）倒过来为"䷑"（蛊），"䷋"（否）倒过来为"䷊"（泰）。这样的卦共有五十六个，成二十八对。这就使人们认识到，对立着的事物不是凝固不变的，而是可以相互转化的。这些朴素的对立统一思想、互补对称思想、矛盾转化思想，就是《易经》图象符号系统所显示的阴阳互补方法的基本点。人们通过对《易经》图象符号系统的观察与思考,可以直观地、生动地体验到阴阳互补方法。

与图象符号系统相配合,《易经》还建立了一套文字解释系统。由筮数卦演变而来的图象符号系统,当其隐退了原来筮数的神秘色彩,就成为抽象性的思维框架,随着人们不断地运用这个思维框架认识、把握、理解对象世界,又反过来根据已积累起来的社会生活经验来加深对这个思维框架的认识、把握和理解,从而建立了一套文字解释系统来说明图象符号系统,即对六十四卦逐一进行解释。这个文字解释系统包括标题、卦辞、爻辞三个部分。标题是每一卦图象的总名称。卦辞是对标题意义的总括性简要说明。爻辞是对卦中六爻的分别说明。在爻辞中,还保留了原来筮数卦的某些痕迹,称"阳爻为"九",称阴爻为"六",六爻分别按顺序称为"初""二""三""四""五""上"。这个文字解释系统的建立,为图象符号系统提供了经验背景。由于有了这个经验背景,人们在运用图象符号系统认识、把握、理解对象世界时,就具有了更多的经验内容和可理解性。

就拿"☰☰"(泰)与"☷☰"(否)来说,通过卦象,这两个卦不仅表现出一种互补关系:每一爻都刚好相反,而且还表现出一种转化关系:其中一卦倒过来即为另外一个卦。然而,有了卦辞、爻辞之后,这两个卦就具有了较为固定的意义,其底蕴得到了更深入的揭示。《泰》卦卦辞说:"小往大来。"认为《泰》卦卦象的意义是所失小而所得大。《否》卦卦辞说:"大往小来。"认为《否》卦卦象的意义是所失大而所得小。《否》卦爻辞又说:"倾否!先否,后喜。"认为"否"发展到极端,倾倒过来以后,可以转化为"泰"。这样一来,就更清楚地说明了这两个卦的互补与转化。不仅如此,在《泰》卦爻辞中还有"帝乙归妹,以祉"之语,举出殷王帝乙嫁女周文王姬昌的历史事实,说明通过联姻,可以化干戈为玉帛,求得两国关系的改善,从而使《泰》卦所表示的"小往大来"的卦象具有了一定的历史感和现实感,而不是一种神秘莫测的猜想或似是而非的诡辩。

《易经》之后,又出现了解释《易经》的《易传》。《易传》全书共10篇,包括《彖传》上下、《象传》上下、《系辞传》上下、《文言传》、《说卦传》《序卦传》《杂卦传》,称为"十翼",是辅助《易经》的意思。其中《彖传》上下和《象传》上下是对六十四卦的解释。《文言传》是对《乾》《坤》二卦的解释。《系辞传》上下、《说卦传》《序卦传》《杂卦传》是对《易经》思想的总论。一部《易传》,实际上是对《易经》文字解释系统的重大补充与系统发挥。与《易经》不同,《易传》的这些解释主要是对《易经》所蕴涵的哲学思想和思维方式进行新的阐发,以揭示六十四卦的内在根据与联系,而自成其体系。因此,《易传》不是占筮之书,而是哲学之书。相传《易传》为孔子所作,这并不可靠。从内容上看,《易传》既非出自一人之手,也不是同时写成的,大体上是从战国后期到秦汉之际的一些儒家学者先后撰写的。我们可以把《易传》定为战国后期的著作。

《易传》对《易经》的图象符号系统进行了重新解释,将"▬▬" "━━"两个符号代之以"阴""阳"一对范畴,更明确地阐发了阴阳互补方法的内涵与实质。在《易传》看来,整个宇宙都是由"阴""阳"这两种相反相成的基本力量或基本因素构成的。"立天之道曰阴与阳,立地之道曰柔与刚,立人之道曰仁与义。"(《易传·说卦仰》。下引该书,只注篇名)天、地、人三要素都是矛盾的统一体。《易传》认为,《易经》正是以现实世界中的阴阳对立统一为参照系,"观变于阴阳而立卦,发挥于刚柔而生爻"(《说卦传》),建立起六十四卦图象符号体系。因此,六十四卦图象符号系统的建立,自有其内在的根据和联系,这就是对宇宙间阴阳矛盾运动的领会与把握。《易传》进而提出了"一阴一阳之谓道""一阖一辟谓之变""刚柔相推而生变化"(《系辞上》)等古代两点论命题,把《易经》图象符号系统所蕴涵的阴阳互补方法明确地用哲学语言表达出来,使人们易于理解其实质。经过这种再阐释、再创造,也削弱了这些图象符号与宗教占筮之间的原始联系,从而使图象符号系统中包含的哲学观点和科学思维形式凸现出来。

《易传》对《易经》文字解释系统的意义进行了拓展,使之由经验的具体转化为哲学的抽象。例如,《易传》提出了《易经》中根本就没有的太极演化模式,来说明卦象的发生,认为:"《易》有太极,是生两仪,两仪生四象,四象生八卦,八卦定吉凶,吉凶生大业。"(《系辞上》)所谓太极,是阴阳混屯未分的原初状态,由太极分化而产生阴(⚋)、阳(⚊)两仪,由阴阳分化而产生太阴(⚏)、少阳(⚎)、少阴(⚍)、太阳(⚌)四象,由四象再分化产生八卦乃至六十四卦。又如,《易传》对矛盾转化问题进行了研究,提出"穷则变"(《系辞下》)的变化原则,认为一切事物在其变化过程中,由于量的积累,达到一定的限度,就会向相反的方面转化。这种量的积累是一个渐进的过程。《易传》总结了春秋战国时期社会变革的历史经验,提醒人们注意社会矛盾运动中的"积"和"渐":"积善之家,必有余庆。积不善之家,必有余殃。臣弑其君,子弑其父,非一朝一夕之故,其所由来者渐矣。"(《坤·文言》)善与恶都可以通过逐渐的积累而由小到大,社会矛盾的激化有一个逐渐发展的过程。因此,"君子安而不忘危,存而不忘亡,治而不忘乱,是以身安而国家可保也。"(《系辞下》)统治者只有居安思危,防微杜渐,防止社会矛盾发展到剧烈对抗的程度,才能保持住自己的统治。《易传》所赋予《易经》的这些新的意义,显示了比《易经》文字解释系统更强的思辨性和概括性。如果说《易经》的文字解释系统在于使阴阳互补方法具有经验性和可理解性,那么《易传》的文字解释系统则使得阴阳互补方法更富有哲理性。

《易传》所阐释的阴阳互补方法,是一种富有进取精神的辩证法。《易传》提出:"天行,健。君子以自强不息"(《乾·象》)。"地势,坤。君子以厚德载物"(《坤·象》),要求人们既效法"天",与时俱进,奋发向上,又效法"地",待人以德,积极处理好各种关系。在

19

《易传》看来,"汤、武革命、顺乎天而应乎人"(《革·彖》)。推翻暴君,建立新政,是完全合理的。这与《老子》所主张的"守柔""不争"恰成鲜明的对比。《易》与《老》成为中国辩证思维的两大不同性格的来源。当然,《易传》的辩证法也有其不彻底性。《易传》在重视对立面的统一时,又表现出强调乾坤定位、防止矛盾转化的倾向,认为:"天尊地卑,乾坤定矣;卑高以陈,贵贱位矣;动静有常,刚柔断矣。"(《系辞上》)试图把强调尊卑贵贱的封建等级制度永恒化。

从《易传》开始,形成了源远流长的《易》学传统,对中国文化的创造和发展产生了极深刻的影响。其原因有二:一是在《易经》中,人们可以通过对图象符号系统的反复观察和推敲,来体会、领悟到辩证的智慧。这就使这一套图象符号系统具有了深厚的底蕴与永久的魅力,成为几千年来《易》学家们不断摆弄玩味的神奇的"魔方"。二是从《易经》到《易传》,建构并拓展了文字解释系统,其中保存、积淀了中华民族丰富的生活经验和历史智慧,蕴含了积极的辩证法思想,成为供后人不断加工、创造的"文本"。

《周易》是先秦以后中国哲学发展的重要源头之一。秦汉时代,以《夏小正》为源头的整体思维方法和以《易经》为源头的阴阳互补方法相结合,形成了占统治地位的天、地、人相统一的思维模式。汉代的哲学和自然科学,都强调运用这种朴素的整体观把握对象世界。同时,汉代哲学家董仲舒又凸出了《易传》中的强调乾坤定位、防止矛盾转化的倾向,并将其神秘化,强调:"君臣、父子、夫妇之义,皆取诸阴阳之道。君为阳,臣为阴;父为阳,子为阴;夫为阳,妻为阴。"(《春秋繁露·基义》)认为为阳的君、父、夫总是处于主导地位,为阴的臣、子、妇总是处于服从地位,矛盾双方定位不易,这是由天意决定的。魏晋玄学家抛弃了这种神秘化倾向,着重从哲学义理上对《周易》进行发挥。他们把《老子》《庄子》《周易》并称"三玄",用道家思想解释《周易》,阐发其玄学理论。青年玄学家王弼著有《周易注》《周易略例》,提倡义理与思辨,开启一代《易》学新风。东晋时,《周易注》被列入学官。唐代孔颖达主编《五经正义》,《周易》亦采用王弼注。这对于宋代哲学发展产生了很大影响。宋代各派哲学家,如周敦颐、邵雍、李觏、王安石、张载、程颐、朱熹等,都注重吸取、改造《周易》的思想资料,或阐释其义理,或发挥其图象,或二者兼而有之。张载的《易说》、程颐的《伊川易传》、朱熹的《周易本义》都是宋代研究《周易》的重要著作。至明清之际,王夫之成为古代《易》学研究的集大成者,著有《周易外传》《周易内传》《周易内传发例》等书。在这些著作中,他面对明清之际的历史大变局,怀着探索历史运动规律和民族复兴道路的目的,反刍《易》学系统,创造性地阐发了朴素唯物辩证法思想。在20世纪中国哲学界,推崇《周易》者也不乏其人。现代著名哲学家熊十力,就吸取了《周易》的辩证智慧,特别是承继了王夫之《易》学宇宙观、人生观中的积极进取精神,用以建构自己的哲学体系。

《周易》又与中国古代自然科学有着密切的联系。《周易》的阴阳互补方法,以及天、地、人相统一的思维模式,对中国古代天文学、数学、医学的发展产生了深刻影响。科学史还证明,《周易》的辩证智慧对于近代和现代的科学发现仍具有某种启示性。例如,创立近代微积分和二进位制数学的大哲学家、大科学家莱布尼兹就对《易经》中含蕴的科学思想极感兴趣。他通过与到过中国的传教士的接触,了解了《易经》,惊异地发现《易经》中的"▬▬""▬ ▬"两个基本符号,可以翻译成二进位制数学的数字"0"与"1",并从《易经》的图象中发现了从 63 至 0 的二进位数字。又如,量子力学的奠基者玻尔,在 1937 年访问中国时同样惊异地发现:作为量子论中心思想的并协性,对于西方人来说,似乎是一种全新的观念,而在中国古老的阴阳思想中,却早已得到了最恰当的表述。他特别看中了表示阴阳互补的太极图,认为这是运用象征性形象对并协原理的自然表述。后来,他采用太极图作为爵士纹章的图案,并写上"对立即互补"的铭文。当前,《周易》与现代自然科学的关系已成为《易》学研究的一个重要方面。

此外,《周易》对于中国古代宗教、文学、史学的发展也有着重要影响。至于《易传》所高扬的自强不息、革故鼎新的积极进取精神,更激励着中国历史上许多思想家、科学家、艺术家进行新的探索、新的创造,把中国文化推向前进。

(李维武)

《孙子》 孙武

《孙子》又称《孙武兵法》《孙子兵法》《吴孙子兵法》,是中国古代最著名的兵书,长期以来被尊为"兵学圣典",与《吴子兵法》《六韬》《司马法》《三略》《尉缭子》《李卫公问对》等六部书并称《武经七书》,是北宋朝廷官方认可并颁布的军事教科书。其中,《孙子兵法》更被列为《武经七书》之首,在传统社会中一直享有崇高的声誉。《孙子兵法》也是中国传统经典中较早被译介到域外去的一种,有外国学者将其与《君王论》(意 马基维亚利)、《智慧书》(西班牙 格拉西安)并列为世界三大奇书,或将其与德国的《战争论》(克劳塞维茨著)、日本的《五轮书》(宫本武藏著)合称为世界三大兵书,可见《孙子》一书对世界历史的重要影响,在人类文明史上的历史地位。

今天,提到《孙子兵法》,它的作者孙武妇孺皆知。但在历史上,《孙子兵法》的作者问题曾引起了长期的争论。宋代之前,人们普遍认为传世的《孙子兵法》13篇是齐国人孙武于春秋末年完成。宋人梅尧臣、陈振孙、叶适等人则提出了孙膑作书之说,其后关于

《孙子兵法》作者谁属的争论便一直没有停止。宋人提出质疑的理由,大致由于《史记·孙子吴起列传》记载孙武、孙膑皆著兵法,《左传》却没有任何关于孙武其人其事的记录,而且春秋战国时期兵家蜂起,将星闪耀,故而不能排除后人托名著书的可能。因此,学者先后提出了春秋末年伍子胥、战国孙膑、甚至无名氏著书等诸多观点。其中影响较大的是孙膑著书说,有学者认为孙膑原名孙武,因受膑刑而改名孙膑。直到1972年在山东临沂银雀山一号汉墓同时出土《吴孙子》和《齐孙子》两种兵法残本,考古发掘证实了《吴孙子》为孙武所著兵书,《齐孙子》则为孙膑所作。延续近千年的关于《孙子兵法》作者的争论终于得以廓清。

  《孙子兵法》的作者孙武,字长卿,春秋时期齐国乐安人(今山东广饶),齐国贵族、将门之后,后世尊称其为孙子、孙武子、兵圣、百世兵家之师、东方兵学的鼻祖,中国古代著名军事家、政治家。孙武是春秋时期陈国公子完的后人。公子完为避祸从陈国逃到齐国,由于其办事得体,讲求仁义,齐桓公赐田庄于他。为感激齐桓公赐田之恩,并方便避世离祸,陈完遂改姓为田。田完五世孙田书深受百姓爱戴,官至大夫,后因景公赐姓孙氏,改名孙书。孙书为孙儿取名为"武",取止戈之意,字"长卿",乃是希望孙武未来能继承祖业,光耀门楣。孙武的祖辈多为朝中显贵,又通晓军事,崇尚武艺,给少年时期的孙武创造了非常理想的家教环境。自少年时起,孙武就遍阅家中所藏众多兵书,了解黄帝战胜四帝的作战经验以及古代名相伊尹、姜尚、管仲等的用兵策略。约公元前517年,因不堪齐国攻战频繁,孙武离开故乡,南下吴国,并在吴国结识了因避难而来的伍子胥,自此成为莫逆之交。吴国在孙武和伍子胥的辅助下,愈发强大。公元前496年,吴王阖闾不听孙武劝阻,出兵攻打新即位的越王勾践,结果大败,气愤病死。孙武及伍子胥帮助阖闾之子夫差治国练兵,公元前494年,助夫差成功打败勾践,报仇雪恨。随着吴国霸业渐成,夫差不再励精图治,沉迷声色犬马,并听信奸臣谗言逼死伍子胥。伍子胥的死使孙武深受打击,相传孙武晚年退隐江湖,并根据其多年实战经验完成了《孙子兵法》,铸就一代兵家钜典。

《孙子兵法》的篇目,传世本、汉简本《孙子兵法》均为13篇,分别是:《始计篇》《作战篇》《谋攻篇》《军形篇》《兵势篇》《虚实篇》《军争篇》《九变篇》《行军篇》《地形篇》《九地篇》《火攻篇》《用间篇》。《汉书·艺文志》则载:"《吴孙子兵法》,八十二篇,图九卷。"这里所说的八十二篇,除了前述十三篇"经"外,另有六十九篇为后世兵家对十三篇的解释阐发,称为"传"。

《孙子兵法》的成书并非一蹴而就,它有其产生的思想基础和社会背景。春秋战国时期,战乱频仍,思想激荡,社会思想领域出现了"百家争鸣"的局面,一批仁人志士以匡扶天下为己任,提出了各自的政治主张,兵家就是其中影响较大的一支。纷繁多发的战事,也为兵家思想的诞生和发展提供了现实基础,孙武就是其中的佼佼者。孙武出身的齐国，是春秋时期的百战之地，孙武自幼便饱受战争之苦，这才促使他离开征战频繁的齐国而南下吴国。因此，孙武最核心的军事思想是，要尽最大可能通过和平的方式解决争端，战争是解决矛盾的最后手段。所以在《孙子兵法》中，不仅仅描述如何才能取得战争的胜利，更集中阐发了"慎战""非攻"的和平思想。

"慎战"思想在《始计篇》中表达得十分清晰："兵者，国之大事，死生之地，存亡之道，不可不察也。"孙武在《孙子兵法》开宗明义地指出，一个国家做出的战争选择与国家利益生死攸关，战争的胜负关乎百姓的生死，国家的存亡，这是任何一个统治者在做出战争决策前，必须首先考虑的问题。一定要维护好国家的生存，而后才能图发展。那么，怎样才能维护好国家的生存呢？对民众，《孙子兵法》提到："道者，令民与上同意，可与之死，可与之生，而不畏危也"。有"道"的君主，令民众与君主的目标统一，这样民众就会心甘情愿地与君主同生共死，而不会惧怕危险。而怎样才能让民众悍不畏死呢？就要求统治者实行仁政，爱民如子，体恤民情，不擅自发动战争，使民众生活安定富足，这样民众就会维护这个社会。一旦安定的环境遭到外部破坏，民众就会奋起反抗，进而愿意与君主同生共死。对士卒，《孙子兵法》的《地形篇》写道"视卒如婴儿，故可与之赴深溪。视卒如爱子，故可与之俱死"。要求对待士卒如对待婴儿，士卒就可以与他共患难，对待士卒就像对待自己的儿子,士卒就可以跟他同生共死。

"非攻"即非扩张性和非侵略性,战争是残酷的,生命无法重来,因此,如非国家安全受到威胁,统治者就不应该肆意发动战争。这一思想主要体现在《火攻篇》中,"主不可以怒而兴师,将不可以愠而攻城。合于利而攻,不合于利而止",君主一定要考虑清楚才可以发动战争,切不可因为愤怒而随便兴师,将领更不可以因为愤怒而攻取城池,一切都要以国家的利益为上,不是对国家有利的,就不要采取军事行动,体现了孙武爱好和平的非侵略思想。君主不能以一时意气做出战争的决定,而置百姓于不顾。并明确提出警告:"怒可以复喜,愠可以复说,亡国不可以复存,死者不可以复生。故明主慎之,良将警之。此安国全军之道也。"恼怒可以重新欢喜,生气可以再次高兴,国家亡了就不会继续存在,人死不可以复生。贤明的君主一定要对战争慎之又慎,优秀的将领对战争一定要警惕,这才是使军队得以保全,国家得以安定的道理。对战争的谨慎充分体现了孙武对生命的尊重,以及对国家的热爱。

孙武虽然慎战,但绝不畏战。一旦战争爆发了,就要以最小的代价取得最大的利益。《谋攻篇》指出:"故上兵伐谋,其次伐交,其次伐兵,其下攻城。攻城之法为不得已"。孙武认为,上等的用兵策略是以谋略取胜,其次是以外交手段挫敌,再次是出动军队攻敌取胜,最下策才是攻城。"伐谋""伐交""伐兵""攻城"是四种不同层次的解决国家争端的手段，它们之间构成了一定的递进关系。从阶段的发展上看，孙武最欣赏的是"伐谋"和"伐交"，其次才是"伐兵"，对"攻城"则表现出极端的厌恶。在孙武看来，对于对峙的双方，运用谋略去挫败对手的战略意图或战争行为是最优选择，不仅可以避免伤亡，而且可以取得最佳的结果，此为"伐谋"。运用外交手段，使其他国家向敌国施压，或者联合友邦共同对敌，以较小的代价取得胜利，此为"伐交"。迫于无奈，运用武力手段战胜对手，迫使对方臣服，结果尚可，此为"伐兵"。逼不得已，选择"攻城"，双方军队限于苦战，费时费力，且我方士兵伤亡惨重，实为下策。

谋略为上，可以尽量降低伤亡。《谋攻篇》曰："凡用兵之法，全国为上，破国次之；全军为上，破军次之；全旅为上，破旅次之；全卒为上，破卒次之；全伍为上，破伍次之。是故百战百胜，非善之善也；不战而屈人之兵，善之善者也"。在孙武看来，"故善用兵者，屈人之兵而非战也，拔人之城而非攻也，毁人之国而非久也，必以全争于天下，故兵不顿而利可全，此谋攻之法也。"和敌方实打实地交战，即使赢得战争己方也会付出巨大的代价，而通过各种谋划，迫使敌人在战争未大规模展开之前就向我方屈服，这才是兵家要义。这种取胜之道，看似轻易，实际紧锣密鼓，是没有硝烟的战场。这就要求在未开战前，先了解敌人的计谋，挫败敌人的战略计划，防患于未然。因此，善于用兵的人，使敌人屈服而不靠战争，取得敌人的城池而不靠强攻,消灭敌国而不靠久战,用计谋和策略来争取天下,兵力不至于折损却可以取得胜利,这就是善用谋攻。善用谋攻才能最大程度地减少战争带来的损失。

兵贵神速,可以减少百姓的苦难。《作战篇》有云"故兵贵胜,不贵久。"战争是一种对民力消耗极大的国家行为。一旦战线过长,战争过久,就会造成民众极大的负担。故孙武提出"善用兵者,役不再籍,粮不三载,取用于国,因粮于敌,故军食可足也。国之贫于师者远输,远输则百姓贫。"善于用兵的人,不用再次征集兵员,不用多次运送军粮,武器装备由国内供应,从敌人那里设法夺取粮食,这样军队的粮草就可以充足了。国家之所以因作战而贫困,是由于军队远征,不得不进行长途运输,长途运输必然导致百姓贫穷。《用间篇》也指出"凡兴师十万,出征千里,百姓之费,公家之奉,日费千金。内外骚动,怠于道路,不得操事者,七十万家。"大凡兴兵十万,千里征战,百姓的耗费,国家的开支,每天要花费千金,全国上下动荡不安,民众服徭役,疲惫于道路,不能从事耕作的有七十万家。孙武深知战争带给人民的苦难,他站在人民大众的角度,倡导兵贵神速,力图减轻人民负担,将战争的痛苦降至最低。

正确掌握战争形势,可以减少兵士损耗,最大程度地保全兵士的生命。《九地篇》中说:"是故散地,吾将一其志;轻地,吾将使之属;争地,吾将趋其后;交地,吾将谨其守;衢地,吾将固其结;重地,吾将继其食;圮地,吾将进其涂;围地,吾将塞其阙;死地,吾将示之以不活。"孙武按照战争规律,总结出九种常见的情形。散地是指诸侯在自己的领地上与敌作战。轻地,指进入敌境不深的地区。争地则是我方先占领对我有利,敌先占领对敌有利的地区。交地指我军和敌军皆可往来的地区。衢地则是敌我和其它诸侯国接壤的地区,谁先到就抢先结交诸侯国并取得支援。重地为深入敌境,越过许多敌人城邑的地区。山林、险阻、沼泽等道路难行的地区,叫做圮地。进入的道路狭隘,退出的道路迂远,敌人以少数兵力能击败我众多兵力的地区,叫做围地。迅速奋战则能生存,不迅速奋战就会被消灭的地区,叫做死地。根据不同的情势,孙武给出了不同的军事策略。在散地,指挥官就要使军队专心一致;在轻地,我就要使部队相连接;遇争地,就要迅速前出到它的后面;逢交地,我就要谨慎防守;在衢地,就要巩固与诸侯国的结盟;在重地,就要保证军队粮食的不断供应;经圮地,就要迅速通过;陷入围地,就要堵塞缺口;到了死地,就要显示死战的决心。将领要对不同战争形势有所预判,因地制宜,才能正确分析战争形势,掌握战场的主动权,从而保证把兵士的损耗将至最低。

  出奇制胜,以最小的付出赢得战争胜利。《势篇》曰:"凡战者,以正合,以奇胜。故善出奇者,无穷如天地,不竭如江海。……战势不过奇正,奇正之变,不可胜穷也。奇正相生,如循环之无端,孰能穷之哉!"大凡作战,要以正兵作正面交战,而用奇兵去出奇制胜。善于运用奇兵的人,其战法的变化就像天地运行一样无穷无尽,像江海一样永不枯竭。战争中军事实力的运用不过"奇""正"两种,而"奇""正"的组合变化,永远无穷无尽。奇正相生,相互转化,就好比圆环旋绕,无始无终,谁能穷尽呢?这里的"正"指的是正规部队,也是主力。而"奇"则是指奇兵,不按常理出牌的部队。成语中的"出奇制胜"由此而来。自孙武提出出奇制胜的军事思想后,代有卓越的军事家善于运用此道,创造出大量经典战例,毛泽东同志率领红军四渡赤水就是其中的杰作。

长征途中,在国民党几十万重兵围追堵截的艰险条件下,毛泽东率领中央红军在三个月的时间里,一渡赤水,集结扎西,待机歼敌;二渡赤水,回师遵义,大量歼敌;三渡、四渡赤水,突破天险,摆脱敌人。转战川贵滇三省,巧妙地穿插于国民党军重兵集团围剿之间,不断创造战机,在运动战中大量歼灭敌人,牢牢地掌握战场的主动权,取得了红军长征史上出奇制胜的光辉战例。四渡赤水战役,从整体上看,敌强我弱,红军在各路强大敌军围追堵截的情况下,常常处于被动地位。正所谓出其不意攻其不备,毛泽东正是利用孙子出奇兵的军事思想,巧妙隐蔽我军战略意图,有计划地调动敌人,创造了我军局部优势和主动的局面,避敌之长,击敌之短,创造战机,大量歼灭敌人有生力量,牢牢取得战场主动权,取得了战略转移中具有决定意义的胜利。

战争结束,要妥善处理善后问题。孙武在《火攻篇》中认为"夫战胜攻取,而不修其功者凶,命曰费留。"在孙子看来,作战一方即使在战争中取得了胜利,攻取了城池,如果不能有效地巩固战争成果,那对于这个胜利的国家而言仍然是十分危险的,这种状况被称为"费留",是徒然浪费国力。所以在攻取城池后,一定要采取措施巩固胜利成果,避免出现费留问题。

《孙子兵法》自问世后,对我国历史发展产生了深远的影响。三国时期,曹操亲自为《孙子兵法》作注,并在序言中指出"吾观兵书战策多矣,孙武所著深矣"(《孙子十家注·孙子序》)。汉武帝时期,《孙子兵法》是将军们的必修课,司马迁评价《孙子兵法》"切近世,极人变",说其贴近时代,写尽了人在战争中的变化。唐朝杜牧认为"孙子所著十三篇,自武死后凡千岁,将兵者有成者、有败者。勘其事迹,皆与武所著书一一相抵,犹印圈模刻,一无差跌。"(《樊川文集》)

《孙子兵法》不仅指导了中国历史上千百次有声有色的战争,培育了众多的著名将帅,而且早在一千多年前就流传到国外,并被译成多种文字在世界各地广为传播,不仅如此,它被广泛运用于军事之外的各个行业,行政管理、领导思想、安全战略思想、企业管理、文化产业、经营战略等,为推动人类社会发展做出了巨大贡献。

(刘悦)

《老子》 老聃

在先秦诸子的众多著作中,《老子》堪称一部奇书。这部用韵文写的哲学诗,短短五千言,却含蕴着深邃丰富的思想,洋溢着玄远浪漫的情致,凝结着荆楚之地哲人的智慧,是中国古文化的一枝硕果累累的哲学之花。《老子》不仅是先秦道家学派的开山之作,而且为以后的中华文化创造提供了一个可以不断阐释、开出新意的"文本",对中国文化的发展产生了巨大而深远的影响。

老子究竟是谁?在西汉大史学家司马迁写《史记》时就已成了难题。在《史记·老子韩非列传》中,司马迁一连举了三个老子,一位是约与孔子同时而稍早的老聃,另一位是与孔子同时的老莱子,再一位是晚孔子 100 多年的太史儋。现在,一般多认为老子是老聃。老聃,姓李名耳,楚国苦县(今河南鹿邑)人。他曾做过东周守藏史,是掌管国家图书的史官。他是一个见闻广博、知识丰富、思想深沉的学者,相传孔子曾向他请教过周礼,晚年隐居著述,成《老子》五千言,开创先秦道家学派。

今天流传的《老子》一书,共 81 章,分上下两篇,上篇为道篇,下篇为德篇,汉代以后又被称为《道德经》。但在先秦时期,《老子》的结构并非如此。战国末期,韩非作《解老》,就是德篇在前,道篇在后。1973年,长沙马王堆西汉墓出土了帛书《老子》两个本子,也是德篇在前,道篇在后。可见,《老子》成书经历了一个相当长的历史过程。据现代学者考证,《老子》可能是道家后学根据老聃的思想言论记述、整理、加工而成的,约在战国初年成书,以后又有不同版本流传。然而,不管怎么说,《老子》代表了先秦时期的原始道家思想,则是确定无疑的。

道家学派创始人老子,与儒家学派创始人孔子一样,都生活在春秋末期,都对当时的社会大变动持比较保守的态度。但他又与孔子不同,没有那种修己治国的政治抱负和游说谋官的积极性,而是力图置身于社会大变动的激流旋涡之外,冷静地思考宇宙人生,任凭自己的思想在天地古今之间遨游,从而讲出了一番关于"道"的"玄之又玄"的哲理。正是这样,他的哲学思想既含有丰富的时代内容,又具有较高的思辨色彩。在哲学思维水平上,老子比孔子更胜一筹。

《老子》哲学思想的最显著的特点,是第一次把"道"作为哲学最高范畴并予以系统的论证。"道"本来是一个极普通的概念,原初意义是人们走的道路。后来人们又把它作为自然运动或人类运动的规律,如"天道""人道"之类。只有在《老子》书中,才把"道"提炼、抽象为宇宙人生的最高范畴。据统计,在《老子》五千余言中,

"道"字就出现了74次,可见对"道"之重视。《老子》又把"道"称之为"天地之始""众妙之门""万物之宗"(《老子》一章、四章。下引该书,只注章名),赋予了最崇高的意义。

那么,被《老子》所尊崇、所景仰的"道"究竟是什么呢?在《老子》看来,这个问题却是难以回答的。《老子》开篇就说"道,可道,非常道;名,可名,非常名。"(一章)认为"道"如果说得出来,那么它就不是永恒的道;"名"如果叫得出来,那么它就不是永恒的名。尽管"道"无法用语言表达,但《老子》还是对"道"作了各种描述和说明。这些描述和说明从不同方面展示了"道"的特点与内涵。

首先,"道"不同于经验世界的具体事物,不具有可感知的物象,是一种叫做"恍惚"的"无状之状,无物之象"(见十四章)。因此,"道"是超经验世界的存在。从这个意义上说,"道"又可以称为"无"。

其次,"道"虽是超经验世界的存在,但"惚兮恍兮,其中有象;恍兮惚兮,其中有物"(二十一章),与经验世界的具体事物一样具有实在性,是实实在在的真实存在,并非绝对的虚无。"道"之为"无",实际是相对于"物"之为"有"而言的。也就是说,如果人们只把经验世界的具体事物看作是"有"的话,那么作为非经验世界的"道"只能被看作是"无"。"道"与万物分别属于两个不同的世界,是不能相等同、相混淆的。

第三,正因为"道"不同于万物,是与"有"相对立的"无",因此,它能成为宇宙根本,成为万物得以衍生的本原和赖以存在的根据。在《老子》看来,万物首先由"道"所衍生:"天下万物生于有,有生于无。"(四十章)"道生一,一生二,二生三,三生万物。万物负阴而抱阳,冲气以为和。"(四十二章)天下万物都以具体事物的形式存在,而具体事物都是由"道"产生的。"道"最初处于一种阴阳未分的混沌状态,然后由一而二,分阴分阳,阴阳参合,衍生万物。万物都是阴阳二气矛盾运动的产物。《老子》又认为,万物必须以"道"为存在的根据:"人法地,地法天,天法道,道法自然。"(二十五章)"昔之得一者,天得一以清,地得一以宁,神得一以灵,谷得一以盈,万物得一以生,侯王得一以为天下贞。"(三十九章)人以地为法则,地以天为法则,天以"道"为法则,"道"则以自己的自然而然的存在为法则。只要以"道"为法则,那么天就可以清明,地就可以稳固,神就可以灵应,河谷就可以充盈,万物就可以生长,侯王就可以做天下的首领。由此可见,超经验世界的"道"比之经验世界的具体事物更为重要,更为根本。经验世界的具体事物必须依赖于超经验世界的"道"。

第四,由于"道"是万物得以衍生的本原和赖以存在的根据,因此,"道"是永恒的、无限的存在,而万物则是暂时的、有限的存在。《老子》说"谷神不死,是谓玄牝。玄牝之门,是谓天地根。绵绵若存,用之不勤。"(六章)"飘风不终朝,骤雨不终日。孰为此者?天地。天地尚不能久,而况于人乎?"(二十三章)虚空的"道"是永恒存在的,这就是宇宙之母。宇宙之母的门户,也就是天地的根源。它连绵不断地永远存在着,取之不尽,用之不竭。相反,自然界中的狂风刮不到一早晨,暴雨下不到一整天。即使是′造成狂风暴雨的天地,也不能长久存在。至于人的寿命就更不待说了。

从这些描述和说明中可以看出,《老子》所讲的"道",既是哲学意义上的最高本体,又是科学意义上的宇宙本原。由于古代哲学和科学发展水平的局限,《老子》不可能自觉地将两者区分开来。尽管没有进行这种区分,但《老子》所提出的"道"毕竟为古代中国人开拓出了一个崭新的世界——与经验世界不同的超经验世界,把人们的思维引入了更为广阔的空间。

《老子》认为,人们要认识"道",不能依靠通常的感觉经验和理性思维,而必须依靠"涤除玄览"(十章)的直觉认识方法。所谓"涤除玄览",就是把内心打扫得干干净净,清除掉其中的各种外物和先入之见,使它像一面清澈深幽的镜子,直接体现出"道",从而达到对"道"的把握。要实现"涤除玄览",有效的途径是"静观"。"静观"的一个重要内容,就是要停止人们的感觉器官的活动。感觉器官所认识的只是经验世界的具体事物,这些具体事物不仅不能反映世界本质,反而破坏了内心的虚寂清静,妨碍了对"道"的认识。要保持内心的宁静,首先必须停止感觉器官的活动。《老子》说:"塞其兑,闭其门,终身不勤。开其兑,济其事,终身不救。"(五十二章)认为塞住自己的嘴巴,闭上自己的眼睛,一辈子不会有病；相反，张开自己的嘴巴，实现对外部世界的认识，只会终身不可救药。"静观"的另一个重要内容，就是要停止人们通常的理性思维活动。通常的理性思维活动，也只能获得经验世界的具体事物的知识，不可能认识"道"。更为严重的是，理性思维往往会产生主观性很强的先入之见，破坏了内心的虚寂清静。《老子》尤为反对这种主观的先入之见，将这种先入之见称为"前识"，指出："前识者，道之华而愚之始。"（三十八章）认为"前识"只是"道"的假象，是愚蠢的开始，根本就不可能真正认识"道"。因此，《老子》主张真正能认识"道"的人，是持"愚人之心"（二十章）的人。这种人的特点是："俗人昭昭，我独昏昏；俗人察察，我独闷闷。"（二十章）只有以"昏昏"对"昭昭"，以"闷闷"对"察察"，才能真正认识"道"。因此，"静观"就是一种"大智若愚"的精神境界。在《老子》看来，只有达到了这种精神境界，人们才能真正超越经验世界的具体事物的纠缠，而把握住超经验世界的"道"。相反，如果达不到这种精神境界，人们只会使自己的认识停滞在经验世界的具体事物上，而不可能懂得什么"道"。

　　《老子》又从"道"的高度来看待经验世界，对自然界和人类社会的矛盾运动作了哲学概括，阐发了丰富的朴素辩证法思想，特别是发展了古代的矛盾学说。《老子》认为，在自然界和人类社会中，矛盾是普遍存在的。它列举了一系列矛盾概念，诸如大小、高下、前后、生死、难易、进退、古今、始终、正反、长短、智愚、巧拙、美恶、正奇、强弱、刚柔、与夺、有无、损益、阴阳、祸福等,揭示了矛盾的客观性和普遍性。在《老子》看来,矛盾的双方都是相互依存的,任何一方都以对立的另一方作为自己存在的前提,共处于一个统一体中。在宇宙间,"有无相生,难易相成,长短相形,高下相倾,音声相和,前后相随"(二章),对立面都是相反相成的。《老子》又强调,矛盾的双方无不向相反的方面转化。这种现象,不仅在社会生活中普遍存在着,如"祸兮,福之所倚;福兮,祸之所伏"(五十八章),而且在自然界中也普遍存在着,如"物壮则老"(五十五章)、"木强则折"(七十六章)、"草木之生也柔脆,其死也枯槁"(七十六章)、"天下莫柔弱于水,而攻坚强者莫之能胜"(七十八章)。无论是人生之祸与福,还是自然之壮与老、强与折、生与死、柔弱与坚强,无不处于转化之中。《老子》从这些现象中概括出一个普遍命题:"反者道之动"(四十章),强调事物向相反方面转化是合规律的运动。但《老子》又过分夸大了柔弱的作用,提出"弱者道之用"(四十章),认为任何事物只有在柔弱之时才生气勃勃,一旦壮大坚强,便会逐渐走向衰老和死亡。因此,"坚强处下,柔弱处上","坚强者死之徒,柔弱者生之徒"(七十六章),只有保持柔弱地位才有前途。

《老子》的"守柔""贵弱"思想,反映到社会历史观方面,形成了保守、复古、倒退的乌托邦理论。《老子》描绘了一个"小国寡民"的理想社会。在那里,虽有各种器物,但都弃之不用。人们不需要舟车,不需要甲兵,不需要文字,不需要任何信息,"邻国相望,鸡犬之声相闻,民至老死不相往来"(八十章)。对于人类已经取得的物质文明和精神文明成果,《老子》表示出极端仇恨、完全拒斥的态度,认为:"民多利器,国家滋昏;人多伎巧,奇物滋起"(五十七章);"民之难治,以其智多"(六十五章)。在他看来,统治者要保持自己的统治,就必须实行愚民政策,"常使民无知无欲,使夫智者不敢为"(三章);另一方面,统治者也要装糊涂,表现出"无为""不争",这样就可以处于主动地位,"为无为,则无不治"(三章),"以其不争,故天下莫能与之争"(六十六章)。以后,人们把《老子》提出的这套统治术称作"人君南面之术"。

《老子》的这些思想,在战国时期分别为庄周学派和稷下道家所继承和发挥。庄周承继发挥了《老子》之"道"的超经验性,突出了道家的超越精神。稷下道家则承继、发挥了《老子》之"道"的实在性,把"道"规定为物质性的"精气"。先秦道家思想,特别是老、庄思想,对先秦以后的中国哲学和中国文化产生了深刻影响。

秦汉之际,经过长期战争民生凋敝,为了恢复国力,巩固统治,统治者开始重视对先秦道家思想进行反思和发掘,将其改造成为封建大一统服务的新道家。秦汉之际的新道家,又被称为"黄老之学",以传说中的中华民族祖先黄帝同老子相配,同尊为道家的创始人。黄老之学的经典著作是《老子》与《黄帝书》。《黄帝书》在东汉时亡佚。1973年,长沙马王堆西汉墓在出土帛书《老子》两个本子的同时，出土帛书《经法》《十六经》《称》《道原》四篇。许多学者认为，这四篇帛书就是《黄帝书》的重要部分，是源于战国后期而流行于汉初的黄老之学的代表作，将其称为《黄老帛书》。《黄老帛书》认为，客观事物无不具有对立着的两个侧面，这两个对立面相反相成。因此，"凡论必以阴阳明大义"（《称》），对事物的认识必须坚持两点论。在分析社会矛盾时，《黄老帛书》一方面认为人类社会充满斗争，"不争亦毋以成功"（《十六经·姓争》），另一方面又认为在促进矛盾转化的斗争过程中，新生的一方必须以弱胜强，因而斗争的策略应当以"雌节"为主。所谓"雄节"与"雌节"，是《黄老帛书》用以区分斗争策略和方式的一对特殊范畴。凡盛气凌人，骄横自恃，称为"雄节"；凡外示柔弱，谦慎自持，称为"雌节"。只有守"雌节"，才能使自己立于不败之地。这些思想是对《老子》的"弱者道之用"思想的积极改造，为新道家的"无为而治"的政治主张奠定了哲学基础。西汉初年新道家的重要代表人物盖公、司马谈等都持这一政治主张。盖公向曹参提出了"治道贵清静而民自定"（《史记·曹相国世家》）的建议，要求与民休息。司马谈在他的重要思想史论文《论六家要旨》中进一步总结了新道家的思想特点，认为新道家批判地吸取了阴阳、儒、墨、名、法各家的精华，并顺应时代变迁而有新的发展，所以在实际应用中能够行得通，取得事少功多的效果。新道家的"无为而治"的政治主张，受到汉初统治者的重视，在实际政治生活中起过重要的指导作用，促进了汉初阶级矛盾的缓和与农业生产的恢复,取得了"文景之治"的辉煌成就。因此,黄老之学在汉初数十年间据有特殊的历史地位,《老子》成为汉初统治者的必读书。这种局面,直到西汉武帝接受董仲舒的建议,"罢黜百家,独尊儒术",方告结束。

汉代以后的三国西晋时期,道家思想又再度活跃,形成魏晋玄学思潮。玄学家们对道家与儒家的关系进行了重新调整:他们主张"祖述老、庄立论"(《晋书·王衍传》),以经过他们改造的道家思想资料作为出发点。他们又不完全排斥儒家思想,而是用道家思想解释儒家经典,以《老子》《庄子》《周易》并称"三玄"。他们更从哲学上探讨"名教"与"自然"的关系,通过对现象与本体、现实与超越、主体与本体多重关系的反复辨析,突出了儒家与道家的互补关系。在这一探讨中,相继产生了王弼的"贵无"论,裴頠的"崇有"论,郭象的"独化"论三个富有思辨色彩的玄学体系。从哲学思维发展的角度看,魏晋玄学是对中国古代哲学的一次重要提升。

在魏晋玄学兴盛之际,道教也迅速发展起来。道教是中国传统文化的产物,是中国土生土长的宗教。道教除了承继、改造神仙家传统和巫术传统外,还力图吸取、改造道家的丰富思想资料,作为自己的神学理论。这样一来,老子开始被神化,被奉为道教始祖,获得了"老君""太上老君"等称号,《老子》书也成了道教经典,为道教徒所诵习。到唐代,道教达到鼎盛,老子其人其书也被统治者捧上了天。由于唐帝室姓李,因此唐太宗李世民自认为是老子李耳的后裔。唐高宗时,老子被尊为"太上玄元皇帝",《道德经》被钦定为上经。以后,老子又获得了"大圣祖玄元皇帝""圣祖大道玄元皇帝""大圣祖高上大道金阙玄元天皇大帝"等一系列吓人的头衔。宋代时,统治者亦尊崇道教和老子,甚至禁止人们以"耳""聃"命名,以避李耳、老聃之讳。

《老子》对中国古代辩证思维发展产生了深远影响,成为中国古代辩证法的活水源头之一。明清之际的早期启蒙思想家王夫之,曾撰《老子衍》,对老子思想熔铸改造,建立起朴素唯物辩证法体系,把中国古代辩证法思想推向高峰。近代的进步思想家魏源亦著《老子本义》,把《老子》看作是救世之书,用《老子》的辩证法论证他的变革主张。

但是,《老子》所主张的"守柔""不争"思想的消极面,也经过漫长历史岁月的演化,积淀在中华民族的文化心理结构中,使人们缺少生气勃勃的创造精神和进取精神。正是这样,鲁迅为灾难深重的中华民族发出了"哀其不幸""怒其不争"的感叹。老子思想的这一特点,对于中国知识分子性格的形成影响尤为深刻,是中国知识分子形成独立人格的一个严重的心理障碍。

(李维武)

《墨子》 墨翟

春秋战国之交,随着社会大变革的深化,思想界呈现出更大的分化:在儒、道两家之外,产生了墨翟所创立的墨家学派。

墨翟的生卒年月和生平事迹,由于文献残缺,记载多歧,已难详考。他大约晚于孔子,活动于战国初期,一说为鲁国人,又说为宋国人,工匠出身,后来做过宋国大夫。在早年,墨翟曾受儒者之业,学孔子之术,但逐渐对儒家崇尚天命、重视礼乐、厚葬久丧不满,认为搞这一套劳民伤财,实不足取,因而自创墨家学派,成为儒家理论的批判者和个体小生产者的代言人。

墨翟所创的墨家学派,是一个组织严密的、带有宗教色彩的禁欲主义团体,其首领称为"钜子",其成员称为"墨者",多半来自从事生产劳作的社会下层。他们生活刻苦,严守纪律,为宣传和实践墨翟的政治主张和思想路线奔走于各国,富有舍身殉道的牺牲精神。墨家与儒家在当时并称"显学",经常针锋相对,展开激烈的论争,对开启战国一代争鸣之风起了重要作用。墨翟死后,其门人推选一人为首领,继续领导墨家活动。墨家学派后来分裂为三派,称为后期墨家。后期墨家的多数成员属于从事个体生产的手工业者及其知识分子,他们有较广泛的生产技能和自然科学知识,对中国古代自然科学的发展和形式逻辑体系的建立作出了重要贡献。

墨翟及其后学的著述保存在《墨子》一书中。该书是一部反映墨翟及墨家学派思想成果的总集。据《汉书·艺文志》记载,《墨子》原有71篇,经过历代的亡佚,流传至今只存53篇,分15卷。第一卷《亲士》《修身》《所染》《法仪》《七患》《辞过》《三辩》七篇,尤其是前两篇,儒家味道较重,表现了墨翟从受学儒家到自创学派的思想轨迹,是他的初期作品。第二卷至第九卷《尚贤》《尚同》《兼爱》《非攻》《节用》《节葬》《天志》《明鬼》《非乐》《非命》十个标题,原都有上、中、下三篇,现已缺七篇,每篇均以"子墨子曰"开篇,当是墨门弟子对墨翟思想的记录,是反映墨翟思想的最主要资料。后有一篇《非儒》,当是墨门弟子所撰,反映了儒墨两家的激烈论争。第十、十一卷《经上》《经下》《经说上》《经说下》《大取》《小取》六篇,通称《墨辩》或《墨经》,讨论自然科学和逻辑学问题,是后期墨家的著作。第十一卷至第十三卷《耕柱》《贵义》《公孟》《鲁问》《公输》五篇,皆取篇首两句中之二字为题,类似《论语》,是墨翟弟子所记墨翟的言行,也是研究墨翟思想的重要资料。第十四、十五卷《备城门》《备高临》《备梯》《备水》《备突》《备穴》《备蛾傅》《迎敌祠》《旗帜》《号令》《杂守》11篇,论述守城战术与守城工具,由墨门弟子据墨翟讲授记录整理而成。

墨翟作为小生产者的思想代表,对于春秋战国之交激烈的社会冲突和频繁的兼并战争深恶痛绝,在《墨子》书中阐发了自己的社会理想。墨翟认为,社会动荡、战乱不已的根源,就在于社会上存在着等级差别及各种矛盾。他把这些社会矛盾称做"别"。正是因为社会有"别",才产生了强劫弱、众暴寡、诈欺愚、贵傲贱等各种不公正、不合理的社会现象。在他看来,要消除这种社会现象,只能"兼以易别"(《墨子·兼爱下》。下引该书,只注篇名)用"兼"来取代"别"。所谓"兼",就是"兼相爱,交相利"(《兼爱中》),天下之人,不分彼此,互爱互利。一旦人们都视天下为一体,就会出现一个强不劫弱、众不暴寡、诈不欺愚、贵不傲贱的公正合理的社会,由天下大乱达到天下大治。

如何以"兼"易"别",实现这个和谐的理想社会呢?在《墨子》书中,墨翟相当详细地论述了他的一系列构想:

首先应当"尚贤"。所谓"尚贤",就是否定宗族奴隶制的"亲亲""尊尊"的原则,实行任人唯贤的官吏选拔制度。墨翟说,选拔、委任官吏,不应以亲疏贵贱为准则,只能以贤能功劳作标准,"官无常贵而民无终贱,有能则举之,无能则下之"(《尚贤上》)。即使是"农与工肆之人",只要有才能,就可以受之爵禄,委以重用。

其次,还要"尚同"。所谓"尚同",就是"一同天子之义"(《尚同中》),使全社会都服从最高统治者的思想和意志,做到"上之所是,必皆是之;所非,必皆非之"(《尚同上》)。全社会如果没有统一的思想和意志,必然会造成是非不分,引起社会动荡。而最高统治者也不能随心所欲,独断专横,必须"总天子之义,以尚同于天"(《尚同下》)。在墨翟看来,只有所谓"天志"才能作为"尚同"的总标准。这种"天志",实际上是劳动群众利益与意志的外化。

再次,主张"非攻"。墨翟认为,攻伐无罪之国的侵略战争,给别国人民带来了深重的灾难,而本国又要耗费粮草,死伤士卒,于人于己,都是不可估量的损失。这种战争是最大的不义。因此,他反对"诸侯各爱其国,不爱异国",主张"视人国若其国""国与国不相攻"(《兼爱上》)。

此外,墨翟还强调"非乐""节用",反对儒家所重视、所维护的礼乐文化,指责儒家"繁饰礼乐以淫人"(《非儒下》),抨击贵族统治者强夺民众的衣食之财,以满足自己的骄奢淫逸的生活。在他看来,只让少数人掌握礼乐,享受财富,是不公正不合理的。除了满足民众生存的基本需要外,其他的物质生产与精神生产都是不必要的。

对于以"兼"易"别",还有一个能否实现的问题。在《墨子》书中,墨翟从两个方面进行了论证:

一方面,墨翟主张"非命""尚力"。他指出,根本就没有冥冥之中主宰人、支配人的"命"。人的生存与发展,不在"天命"之有无,而在"人力"之强弱。人之所以异于禽兽,在于"赖其力者生,不赖其力者不生"(《非乐上》)。禹、汤、文、武之时,之所以国泰民安,就在于努力劳作。在当今的社会活动中,更是"强必治,不强必乱;强必宁,不强必危""强必贵,不强必贱;强必荣,不强必辱""强必富,不强必贫;强必饱,不强必饥"(《非命下》)。人只要充分发挥自己的力量,就可以拨乱反正,转危为安,大治天下。

另一方面,墨翟又主张"天志""明鬼"。在他看来,尽管人的力量伟大,但对于最高统治者却难以规范,特别是对于昏君暴主更是没有办法,只好又借助冥冥之中的非人的力量。他把劳动群众的利益与意志外化为"天志",作为人间善恶是非的最高标准。"天志"对于人的言论行为能进行评判,作出赏罚,"顺天意而得赏""反天意而得罚"(《天志上》)。人们的言论行为都要受到"天志"的审查裁决,即使是王公大人也不例外。君主只有自觉地遵从"天志",才能坐稳天下,否则必然失位。他又以鬼神作为"天志"的辅助力量,认为"鬼神之明智于圣人"(《耕柱》),能够赏贤罚暴,无所不及,对统治者起一种警诫作用。

墨翟的这些思想,具有两重性:一方面,代表小生产者,提出了反对奴隶制宗法传统,改变自身经济地位和政治地位的要求,提出了建立一个统一、安定、人人相爱的大同社会的理想,并多多少少看到了能通过自己的努力来达到目的;另一方面,由于小生产者的局限性,又不可能找到达到大同社会的现实力量和现实道路,而幻想通过提倡抽象的爱,搞绝对平均主义来实现自己的理想,希望有人在上面代表他们,赐给他们雨露阳光。

在认识论上,墨翟是先秦时代第一个唯物主义经验论哲学家。在《墨子》书中,他不仅强调人的知识来源于"耳目之实"(《明鬼下》),把人们的感觉器官所能感觉到的客观实际作为认识的前提,而且提出了"三表法",用三条经验标准去检验人们的认识或理论正确与否:第一,"上本之于古者圣王之事",即以历史记载中前人的间接经验为依据;第二,"下原察百姓耳目之实",即以广大群众的直接感觉经验为依据;第三,"废(发)以为刑政,观其中国家百姓人民之利",即以实际的社会效果为依据,考查某种言论、主张在实施过程中是否符合实际情况,给国家、人民带来效益。(见《非命上》)这三条标准是统一的,强调了间接经验、直接经验与所能经验到的实际社会效果对检验认识的决定性作用。

与墨翟关心社会、注重经验不同,后期墨家把眼光投向了自然科学和逻辑学。他们在这些领域的重要贡献,都保存在《墨辩》中。

在自然科学方面,后期墨家的兴趣与成就,不在与古代农业社会联系最紧密的天文学、地理学、农学方面,而突出地表现在与古代农业社会联系并不很密切的光学、力学、几何学方面。如在光学方面,后期墨家作了小孔成像的著名实验:当阳光照人时,透过墙上的小孔射入暗室内,室内对面的墙上就会出现一个倒立的人影。他们还通过实验,对平面境、凸面镜、凹面镜成像问题进行了研究。这些实验标志着中国古代实验科学的诞生,在中国古代科学史上具有十分重要的意义。又如在力学方面,后期墨家通过分析桔槔与称衡,探讨了杠杆平衡问题,指出杠杆的平衡不但取决于加在两端的重量,而且与"本"(重臂)与"标"(力臂)的长短有关。再如在几何学方面,后期墨家对于一系列几何学概念下了相当准确严格的定义:"平,同高也。"(《经上》)平行线是同高的。"中,同长也。"(《经上》)圆心距圆周是同长的。"圜,一中同长也。"(《经上》)圆是中心至周边的任何半径皆同长之形。"方,柱隅四讙也。"(《经上》)方是四边等长、四角皆直之形。这些几何学定义形成了一个比较完整的科学概念系统。

在逻辑学方面,后期墨家提出了逻辑学研究所必须遵循的基本方法:"以名举实,以辞抒意,以说出故。以类取,以类予。"(《小取》)认为逻辑学在于用概念反映实在,用判断表达思想,用推理指明原因,这些思维形式都必须根据"以类取,以类予"的方法加以正确的运用。这一方法包括"异类不比"(《经下》)和"同异交得"(《经上》)两个原则。所谓"异类不比"指不同属性的事物不能相比,要求在认识对象世界、进行逻辑思维时注意事物类的同异。所谓"同异交得",指在对同类事物进行比较时,既要看到彼此之同,又要看到同中之异。背离了这一方法,就必然要导致逻辑错误。后期墨家对于概念、判断、推理等思维形式进行了研究,对于推理的论述最为详备。他们提出了推理的三个基本逻辑范畴:"夫辞,以故生,以理长,以类行也。"(《大取》)认为一个判断要有根据才能提出,要符合规则才能推论,要按照"以类取,以类予"的方法才能引出新的判断。只有这三者齐备了,推理过程才能够实现。他们又对推理进行了分类,将推理的具体论式分为七种:"或""假""效""辟""侔""援""推"。其中,"或"指选言推理,"假"指假言推理,"效"指直言推理,"辟""侔""援""推"四种都是类推的论式。后期墨家的逻辑学理论,标志着中国古代形式逻辑体系的建立,在中国古代逻辑思想发展史上占有重要的地位,完全可以与古代希腊的逻辑学和古代印度的因明学相媲美。

墨家学派虽在先秦时代盛极一时,有过"显学"之称,但至秦汉时代,即趋于衰微,几成"绝学"。直至清代考据学的兴起,被长期冷落的《墨子》一书才得到系统的整理与研究。毕沅首注《墨子》,使其可读。孙诒让撰《墨子间诂》,是清代学者校注《墨子》的集大成之作。进入20世纪后,对《墨子》的整理与研究获得了更大的新发展。一批学者运用新的方法阐释、解读《墨子》,取得了一系列的重要成果。

在漫长的历史岁月里,尽管墨学受到排斥和压抑,但《墨子》所阐发的墨翟的社会理想与墨家学派的人格理想,却在中国文化中积淀下来,成为中国文化传统的一部分。墨翟的大同理想,是中国大同思想的活水源头之一。中国历史上的不少进步思想家,都希望在现实生活中建立起一个"兼相爱,交相利"的美好社会。墨家学派的人格理想,曾影响了许多来自或接近社会下层的知识分子。有的研究者指出,青年毛泽东就对墨家的阶级出身、生活作风、行为方式有着深深的共鸣。"如果说他对大本大源和圣贤仁人的追求,是明显接受了颇有士大夫气的传统儒家的英雄主义人格理想的影响,那么,当他进一步摸索立志、修身做圣贤的具体途径的时候,重劳动、讲勤劳、求实效的下层社会的观念、习俗,自自然然地成为他的人生信念,影响他的人格理想,从而带有浓厚的墨家色彩。"①

在20世纪,《墨辩》的自然科学与逻辑学的价值也受到了重视和发掘。胡适指出:"《墨辩》六篇乃是中国古代第一奇书,里面除了论"知"论"辩"的许多材料之外,还有无数有价值的材料。""墨家论知识,注重经验,注重推论。看《墨辩》中论光学和力学的诸条,可见墨家学者真能作许多实地试验。这是真正科学的精神。""墨家名学的方法,不但可为论辩之用,实有科学的精神,可算得'科学的方法'。"②李约瑟认为"完全信赖人类理性的墨家,明确地奠定了在亚洲可以成为自然科学的主要基本概念的东西","勾画出了堪称之为科学方法的一套完整理论"。③值得一提的是,武汉大学已故教授谭戒甫先生,曾对《墨辩》的现代疏释作过开拓性贡献,所著《墨经易解》《墨辩发微》《墨经分类译注》为研究《墨辩》之一代经典。

(李维武)

---

①陈晋:《毛泽东的文化性格》,中国青年出版社1991年版,第38—39页。

②胡适:《中国哲学史大纲》卷上,商务印书馆1919年版,第223、226页。

③李约瑟:《中国科学技术史》第2卷,科学出版社、上海古籍出版社1990年版,第201页。

《孟子》 孟轲

孟轲是继孔子之后先秦儒家学派的又一重要代表人物。他的著作《孟子》一书，后来成为儒学经典之一，对中国文化产生了巨大而深远的影响。

孟轲，邹国(今山东邹城市)人，约生于公元前372年(周烈王四年)，卒于公元前289年(周赧王二十六年)。孟子幼年丧父，母亲对他管教甚严，使他由厌学顽童转变为好学少年。"孟母三迁""断机教子"的故事流传至今，2000年来一直被奉为中国家庭教育的榜样。孟子稍长，受业于孔子之孙子思，成为孔门后学。他对孔子十分景仰，而受子思的影响尤深。《荀子·非十二子》即将子思与孟轲并论，认为"子思唱之，孟轲和之"。后世学者又将子思至孟轲一脉，称为思孟学派。学成之后，孟子以孔子为榜样，怀着治国平天下的抱负，游历各诸侯国，向齐、魏等国的统治者宣传他的王道思想、仁政主张。但这些统治者为了富国强兵、争霸天下，正纷纷采纳法家主张与兵家学说，认为孟轲的观点过于迂阔，没有立竿见影的效果,根本不予重视。这使得孟轲也像孔子当年一样,四处碰壁,终不得志。晚年,孟轲回到故乡,从事教学和著述。他以"得天下英才而教育之"为乐事,培养了一批著名的学生,如公孙丑、万章、乐正子、公都子、屋庐子、孟仲子等。他和学生们一起,将自己的思想言论整理成《孟子》一书。

《孟子》一书,共7篇,每篇又各分上下,依次为《梁惠王》《公孙丑》《滕文公》《离娄》《万章》《告子》《尽心》。篇名取自每篇开头的几个重要的字,没有特定的含义。如第一篇首句为"孟子见梁惠王",于是该篇就以《梁惠王》为题。后人又常用"七篇"来称呼《孟子》一书。

孟轲是位大思想家。他从孔子的"仁"学出发,对人的问题进行了更为深入系统的探讨,形成了先秦哲学史上第一个完整的人学体系。这也就是《孟子》一书的主要内容。

《孟子》的人学体系的基石,是孟轲对人的本性问题进行哲学思考而提出的性善论。

春秋末期,随着占统治地位的天命神权思想的动摇,人开始从神的桎梏下解放出来,并对自身的本质与价值进行探讨。孔子提出"性相近也,习相远也"(《论语·阳货》),认为人性生来是相近的,但后天的环境和习俗使人的德智相去甚远,第一次提出了人性问题。战国时代,激烈的社会变革和复杂的社会斗争,进一步促使思想家们深入探索人的本性、价值以及与现实的联系。人性问题成为百家争鸣的一个重要课题。人性是怎样的呢？当时的思想界有四派观点：第一种观点主张人性不善又不恶；第二种观点主张人性既可善又可恶；第三种观点主张人性善；第四种观点主张人性恶。孟轲主张性善论，曾同持第一种观点的告子进行辩论。告子认为，人性没有先验的善恶之分，如同水一样，引它向东就东流，引它向西就西流。孟轲不同意告子的观点。他也用水的流向作类比，认为"人性之善也，犹水之就下也"（《孟子·告子上》。下引该书，只注篇名），水总是往下流的，人性也总是善的。

孟轲认为，人性之所以是善的，在于人生来就具有"善端"。所谓"善端"，是一种"不虑而知""不学而能"的"良知良能"（见《尽心上》），即人自身所具有的先天的善的萌芽、超功利的本能。他把"善端"分为四类：一曰"恻隐之心"（又名"不忍人之心"）；二曰"羞恶之心"；三曰"辞让之心"；四曰"是非之心"，而以"恻隐之心"最为根本。在他看来，一个人看见小孩子即将落井，便会立即上前援救，这种行为不是出于与小孩父母的交情，也不是为了获得好名声，而是出于对别人痛苦、危难的天然同情，即所谓"恻隐之心"。

孟轲又认为，这些"善端"是仁、义、礼、智等道德观念的萌芽："恻隐之心，仁之端也；羞恶之心，义之端也；辞让之心，礼之端也；是非之心，智之端也。"（《公孙丑上》）把"善端"加以扩充，就形成全部的道德观念。在他看来，这些道德观念对于人来说，是共同的。他说"口之于味也，有同耆焉；耳之于声也，有同听焉；目之于色也,有同美焉。至于心,独无所同然乎?心之所同然者何也?谓理也,义也。"(《告子上》)正如人之于味、声、色有共同的感受一样,人之心也具有共同的道德观念。这样一来,"善端"实际上成为了人的类本质,成为了人之为人的根据。"无恻隐之心,非人也;无羞恶之心,非人也;无辞让之心,非人也;无是非之心,非人也。"(《公孙丑上》)人与禽兽的分界,也就在这里。

以性善论为基石,孟轲从"成己"与"成物"、"内圣"与"外王"两个方面加以了阐释,构成了《孟子》的人学体系的主体部分。

孟轲指出,仁、义、礼、智的"善端"虽是人所固有的,但现实生活中的每个人并非都具有仁、义、礼、智等道德观念。这是因为,对于"善端","求则得之,舍则失之"(《告子上》)。离开了"求",就不可能将"善端"发展起来。这个"求",既是一个发现"善端"的认识过程,又是一个发挥"善端"的修养过程。孟轲对人如何发现和发挥善的本性问题进行了探讨,展开了他的认识论和修养论。这是《孟子》的人学体系的"成己""内圣"的一面。

人怎样才能发现与生俱来的"善端"呢?孟轲提出了一个著名的认识论命题:"尽其心者,知其性也;知其性,则知天矣。"(《尽心上》)认为人们如果能充分发挥理性的作用,就能认识自身善的本性,认识了自身善的本性,也就认识天道了。他强调,人的感性认识与理性认识是根本对立的。耳目等感官是"小体",没有理性思维能力,常常为外物所蒙蔽,引导人们追求物欲而丧失"善端"。

"心之官则思"(《告子上》),是"大体",能够通过理性克服物欲,发现、保存、扩充内心固有的"善端"。因此,人们只有"尽心",才能"知性"。他又强调,人性本于自然,因而与天道相通,体现了天道的本质。人性是善的,天道也是善的。因此,人们一旦"知性",便能"知天"。据此,他主张人的认识活动,应当"求在我者",而不应当"求在外者",认为"万物皆备于我矣,反身而诚,乐莫大焉"(《尽心上》)。

人在发现自身固有的"善端"之后,又怎样才能发挥"善端"呢?孟轲认为,"善端"的发挥无疑要受到客观条件的限制,如"富岁,子弟多赖;凶岁,子弟多暴"(《告子上》),但更主要的,是取决于主体的自我修养。舜曾居住在深山之中,与木石鹿豕相处,但终究成为圣人,原因就在于舜能通过自我修养,保存并扩充了"善端"。可见,只要注重自我修养,人们都能超越客观条件的限制,成为尧、舜式的圣人。为此,孟轲提出了一整套修身养性的方法,归结起来,主要有二:一是"寡欲",二是"养气"。孟轲并不否认人们对物质生活资料的基本需求,肯定"男女居室,人之大伦"(《万章上》),但认为这些物质欲望不能过分,否则就会妨碍心的清明、理智,使人不能发现、发挥本有的"善端"。孟轲又强调,人要发挥"善端",还需要培养"浩然之气"。所谓"浩然之气",是一种至大至刚、溢塞于天地间的自觉的精神。人具有了"浩然之气",就具有了坚韧不拔的意志和不可战胜的力量。要培养"浩然之气",必须"道"

与"义"并重。一方面要努力地认识儒家之"道",另一方面又要努力地践履这种"道",即所谓"集义"。

孟轲提出了发挥"善端"的目标——理想人格。他说"居天下之广居,立天下之正位,行天下之大道。得志,与民由之;不得志,独行其道。富贵不能淫,贫贱不能移,威武不能屈,此之谓大丈夫。"(《滕文公下》)"天下有道,以道殉身;天下无道,以身殉道。"(《尽心上》)"生,亦我所欲也;义,亦我所欲也。二者不可得兼,舍身而取义者也。"(《告子上》)要求人们超越物欲、超越时代、超越自我生命,去追求真理、践履道义。

孟轲又主张把人自身的性善,由己及人,加以推广,形成仁政。这是《孟子》的人学体系的"成物""外王"的一面。

孟轲认为,有两种统治民众、治理国家的方法,一是"以力服人"的"霸道",另一是"以道服人"的"王道"。他从性善论出发,高扬"恻隐之心",推崇"王道",鄙视"霸道",主张实行"仁政",要求统治者以"仁爱"之心对待民众,争取民众,达到建立统一的封建国家的目的。

在孟轲看来,实行"仁政"的第一步,就是保证民众的最起码的物质生活条件。为此,他设计了一套以"制民之产"为内容的井田制方案,主张给每个农户"五亩之宅""百亩之田",使他们能够通过劳动,养活家小,好年成吃得饱,受灾时不饿死。他认为"无恒产者无恒心。"(《滕文公上》)只有让广大农民得到一定的土地、住宅等不动产,才能牢固地把他们附着在土地上,安于一家一户、男耕女织的农业生活,从而维护当权者的统治。因此,这一井田制方案,并不是想要退回到奴隶制时代,而是想用个体农业的方式取代业已崩溃的农村公社,保证劳动力与土地的结合,为封建经济的发展和封建统治的巩固开辟道路。

孟轲又提出"民贵君轻"的思想,提醒统治者重视民众的作用和权利。他指出,统治者的统治之巩固与否,取决于民心的向背。"得道者多助,失道者寡助。寡助之至,亲戚畔之;多助之至,天下顺之。以天下之所顺,攻亲戚之所畔,故君子有不战,战必胜矣。"(《公孙丑下》)民众比之国家、君主更为根本,更为重要。他说"民为贵,社稷次之,君为轻。"(《尽心下》)要求统治者以民为本,切不可施行暴政,荼毒民众。

但是,孟轲又认为,创造历史、施行"仁政"的伟大人物,不是任何时代都有的,而有其出现的周期。他说,从尧、舜至汤,从汤至文王,从文王至孔子,都间隔五百余年。因此,"五百年必有王者兴,其间必有名世者"(《公孙丑下》)。这就编造了一个五百年一乱一治的历史运动模式。

《孟子》在历史上产生了很大影响,成为继《论语》之后又一部重要的儒学私人著述。西汉武帝时,曾一度于学官中设置《孟子》博士,但很快被取消。东汉时,赵岐、高诱、郑玄等一批著名学者相继注解《孟子》,但除赵注外都已失传。至唐代,韩愈提倡儒家道统论,认为儒家"道统"由尧开其端,中经舜、禹、汤、文、武、周公,传至孔子,再传至孟轲,以后不得其传。这使得《孟子》地位升格。五代时,后蜀主孟昶命毋昭裔楷书"十一经"刻石,最后一部经书为《孟子》,由此《孟子》成为了儒家经典之一。南宋朱熹作《四书集注》,从其理学思想出发对《孟子》作了新的阐释,把《孟子》与《大学》《中庸》《论语》并列为"四书",进一步抬高《孟子》的地位。元明清三代,"四书"成为官方取士的教科书,《孟子》也就成为中国知识分子的必读书了。

《孟子》对塑造中国知识分子的人格曾起过十分重要的影响。它力倡的"浩然之气",它树立的理想人格,在中国知识分子中培育了一种顶天立地的大丈夫精神,在中国历史上写下了许多可歌可泣的不朽篇章。南宋文天祥在抗元兵败被俘后,于狱中写下了名篇《正气歌》,高吟:"天地有正气,杂然赋流形;下则为河岳,上则为日星。于人曰浩然,沛乎塞苍冥。皇路当清夷,含和吐明庭。时穷节乃见,一一垂丹青。"浩歌正气,千古绝唱,《孟子》之影响可谓深远矣!

《孟子》的"民贵君轻"思想,为明清之际早期启蒙思想家和近代启蒙思想家承继改铸,重放异彩。黄宗羲著《明夷待访录》,主张"天下为主,君为客",反对"君为主,天下为客",指责宋明理学家鼓吹"君臣之义无所逃于天地之间",违背了《孟子》主旨,是小儒之论。严复作《辟韩》,指出:"孟子曰:'民为贵,社稷次之,君为轻。'此古今之通义也。"认为韩愈《原道》所倡尊君之论，是"知有一人而不知有亿兆也"。蔡元培在《中国伦理学史》中赞扬孟轲，称他"提倡民权，为孔子所未及焉"。

中国马克思主义者也重视汲取《孟子》的思想遗产。刘少奇在《论共产党员的修养》一书中，多处援引《孟子》的观点，号召共产党员注重修养。他说："《孟子》上有这样一句话：'人皆可以为尧舜'，我看这句话说得不错。每个共产党员，都应该脚踏实地，实事求是，努力锻炼，认真修养，尽可能地逐步提高自己的思想和品质，不应该望到马克思列宁主义创始人那样伟大的革命家的思想和品质，认为高不可攀，就自暴自弃，畏葸不前。"①

（李维武）

---

① 《刘少奇选集》上卷，人民出版社1981年出版，第106页。

《庄子》 庄周

　　庄周是继老子之后的又一位重要道家学者。他是宋国蒙(今河南商丘)人,约生于公元前369年(周烈王七年),卒于公元前286年(周赧王二十九年),曾做过管理漆园的小吏,不久即去职隐居,从事著述。作为隐者,庄周的生活相当清苦,穷闾陋巷、面黄肌瘦,有时靠打草鞋为生。尽管如此,他却坚持对现实政治采取逃避态度,不愿与当权者合作,以换取高官厚禄。据说,楚威王闻知庄周颇有政治才能,便以千金聘请他做宰相。他对使者说,千金虽好,相位虽尊,但这些都好比祭祀用的牛,畜养多年,却被牵进太庙当祭品。到那时,想做只自由自在的小猪也不可能了。我宁愿像条小鱼,在污泥浊水中自得其乐,也不愿坐上高位受国君的束缚。正是这样,庄周把自己的目光由人世间转向自然界,由现实生活转向理想境界。他在苍天与大地之间沉思,提出了"天其运乎?地其处乎?日月其争于所乎?"(《庄子·天运》。下引该书,只注篇名)等一系列科学宇宙论问题。他更渴望超越出现实的人生痛苦,"上与造物者游,而下与外死生无终始者为友"(《天下》)。庄周的这些思索,进一步发挥了老子的思想,在道家思想发展史上独树一帜。在老子以后的先秦道家各派中,庄周及其学派的影响最大,后世往往以"老、庄"并称。

庄周的思想比较完整地保存在《庄子》一书中。《庄子》由庄周及其弟子所著。这是一部洋溢着超越精神和浪漫情趣的哲学论著,汪洋恣肆,仪态万方,多用文学的语言、寓言的形式、朦胧的诗意表达深刻的哲学思想。不论在中国哲学史上,还是在中国文学史上,《庄子》都有很高的价值。

《庄子》一书,根据《汉书·艺文志》与《吕氏春秋·必己》高诱注的记载,在汉代当有52篇。西晋郭象整理、注释《庄子》,删定为33篇,将其划分为内篇、外篇、杂篇三部分,这是现今所见到的《庄子》一书。内篇有7篇:《逍遥游》《齐物论》《养生主》《人间世》《德充符》《大宗师》《应帝王》;外篇有15篇:《骈拇》《马蹄》《胠箧》《在宥》《天地》《天道》《天运》《刻意》《缮性》《秋水》《至乐》《达生》《山木》《田子方》《知北游》;杂篇有11篇:《庚桑楚》《徐无鬼》《则阳》《外物》《寓言》《让王》《盗跖》《说剑》《渔父》《列御寇》《天下》。现在学者一般认为,内篇7篇思想连贯,文风一致,用词较古,当属庄周本人所著,外篇与杂篇则比较冗杂,文风不一,用词较晚,可能是庄周后学所作,但其中的一些思想亦当是庄周的思想。特别是杂篇中的《天下》篇,许多研究者都认为出自庄周的手笔。

庄周生活的时代,正是战国中期。社会的大变动,带来了频繁的征战、王权的更迭、生活的无序。庄周深深感到,人生存在这样的环境中,实在是太困顿了:到处都是矛盾,到处都是争斗,到处都是不合理的现实!他愤怒地谴责当权者"彼窃钩者诛,窃国者为诸侯。"(《胠箧》),小偷小摸要受到严惩,而窃国大盗却成为诸侯。他无情地揭露那些暴发户:他们的信条就是"富之于人,无所不利"(《盗跖》),以为只要掌握了财富,就可以拥有勇气、智谋和道德。至于儒墨两家竞相提出的社会理想,在庄周看来都是各执一端,是非难辨,于世无补。那么,人怎样才能从困顿中得到解脱呢?庄周避开尘世的纷扰,痛苦地思索着,把自己对时代与人生的解答留在《庄子》一书中。

《庄子》承继了《老子》的道论,也将世界一分为二:一是经验世界的"物";另一是超经验世界的"道"。何为"物"?《庄子》说:"凡有貌、象、声、色者,皆物也。"(《达生》)"物"就是有状态、有形象、有声音、有颜色的各种具体事物。何为"道"?《庄子》说:"夫道,有情有信,无为无形;可传而不可受,可得而不可见;自本自根,未有天地,自古以固存;神鬼神帝,生天生地;在太极之上而不为高,在六极之下而不为深,先天地生而不为久,长于上古而不为老。"(《大宗师》)"道"是无形无象、不可感觉而又有情有信、可传可得的存在,是产生天地、鬼神与上帝的本根。它弥漫宇内,无所不在;贯穿古今,无时不在。在《庄子》看来,"物物者非物""形形之不形"(《知北游》)。产生各种有形事物的"道",不能是"形"之"物",而只能是"不形"之"非物"。因此,在"物"与"道"之间,存在着天壤之别。"道"是绝对的"全",而从"道"中派生出来的万物总是不全的,也就是所谓"偏"。

《庄周》指出,人们是立足于"物"的经验世界还是立足于"道"的超经验世界,其思想境界和认识结果是大不一样的。人如果立足于"物"看问题,即"以物观之"(《秋水》),只会从具体事物的一偏之见出发,发现事物之间各有差异,整个世界充满矛盾,人生在世尽是痛苦。人如果能从"物"超越上去,立足于"道"看问题,即"以道观之"(《秋水》),就会从大本大全的高度把握世界,发现各种事物、矛盾都处于不断转化之中,其性质、其存在都是相对的、暂时的、有限的,根本谈不上具有真正的质的稳定性,因而"万物一齐"(《秋水》),没有差别。在这里,细小的草茎与粗大的屋柱,丑陋的厉与美貌的西施,都可以通而为一,甚至事物的性质、差异能够完全颠倒:"天下莫大于秋毫之末,而泰山为小;莫寿于殇子,而彭祖为夭。"(《齐物论》)这是一种"天地与我并生,万物与我为一"(《齐物论》)的混然而崇高的境界,能给人以无限的满足。至于时代的困顿、人生的痛苦,当然也就算不了什么了。因此,《庄子》认为,人们只要立足于"道"的超经验世界看问题,就可以从现实的困顿和痛苦中解脱出来,获得自由。

《庄子》对"道"的超经验世界作了美妙的描述,憧憬在这里获得人的自由,但又深感无力掌握自己的命运,摆脱现实的制约。这种对自由的渴望和不自由的现实生活的痛苦,交织在一起,构成了《庄子》对自由与必然、主体与客体诸关系的探讨。

在中国哲学史上,《庄子》第一次对自由与必然的关系问题作了较深入的理论探讨。《庄子》认为,人之所以不能达到"道"的境界,而陷入种种苦恼和不自由,其根本原因在于"有待"和"有己"。所谓"有待",指人的活动总是受到各种客观因素的制约,人要实现自己的理想和要求需要具备一定的条件。这些客观因素和条件是对人的自由的束缚。例如,鹏飞万里,要凭借大翼与大风,列子乘风而行,能达半个月之久,但犹有待于风。鹏与列子的活动,固然显得很自在,但却受到条件的制约,算不得真正的自由。所谓"有己",是指人的自我意识。由于人具有自我意识,因而计较得失、苦乐、祸福,陷入种种苦闷烦恼。因此,人要达到"道"的境界,获得真正的自由,就要超越客观条件和自我意识的制约,达到"无待""无己"。所谓"无待",就是人的活动不依赖任何客观因素和条件,不受必然性的制约。人们如果能在天地之间驾驭元气的变化,遨游于无穷之境,就实现了"无待"。然而,要实现"无待",就必须实现"无己"。所谓"无己",就是摒弃人的自我意识,而确立一种能真正"体道"的认识能力。只有依靠这种认识能力,人们才能"体道",与"道"合一,从而超越现实世界的制约,达到"道"的境界。

《庄子》又对主体的认识能力问题进行了探讨。《庄子》指出,与人所面对的世界被区分为"物"与"道"相对应,人的认识能力

"知"也可区分为"小知"与"大知"。所谓"知"即"智","小知"与"大知"也就是"小智"与"大智",即小智慧与大智慧。所谓"小知",是以"物"为认识对象的主体认识能力,即人们通常的感觉经验和思维活动。所谓"大知",是以"道"为认识对象的主体认识能力,这是一种与通常的感觉经验和思维活动不同的直觉认识能力。"小知"的认识能力不能超越经验世界范围,只能认识经验世界的"物"。至于超经验世界的"道",由于是"非物","小知"就无法认识了。与"小知"不同,"大知"超越了经验世界的"物",因而能直接把握超经验世界的"道"。这种对"道"的直接把握,就是"体道"。

《庄子》进而指出,作为"小知"的感觉经验和理性思维所获得的关于"物"的知识,是作为"大知"的直觉直接把握"道"的最大障碍。只要这些传统的认识原则与这些传统的知识纠缠在一起,人们就不可能真正"体道"。因此,以直觉方法"体道"的过程,实际上就是摒弃传统认识原则及传统知识的过程。这一过程包括"心斋""坐忘""见独"一套直觉认识方法。"心斋"就是要求人们摒弃通常的感性认识和理性认识,而使自己的精神进入一种虚静空明的境界。在这种情况下,心平静清明得像一面镜子,成为"天地之鉴"(《天道》),直接体现出"道"。这是"体道"的起点。"坐忘"就是要求人们遗忘自己的肢体,摒弃自己的心智,使自己从形体、感觉、理性中解脱出来,与"道"直接融通为一。这种交融、合一,是通过人生的体验来实现的。人们通过对自己活动的体验,逐渐地指向

"道",认识"道",而最终达到与"道"合一。这是"心斋"的合逻辑的展开,是"体道"的中心环节。"见独"就是"外天下""外物""外生"(《大宗师》),将关于经验世界的知识一层层剥脱摒弃,使人的精神一步步进入清明洞彻之境,最终把握住"道"。这就完成了"体道"的全过程。

通过这些探讨,《庄子》给人们指出了一条从现实生活的困顿中获得解脱和自由的道路。这种对自由的祈向和对现实的超越,正是庄周思想的精华。尽管这种解脱和自由只是一种精神上的超越,尽管在现实生活中庄周又不得不持"不谴是非,以与世俗处"(《天下》)的无可奈何的态度,但他毕竟给现实中深感痛苦的人们开辟出了一块精神家园,使人们的心灵在备受现实的打击、摧残、折磨之后,有慰藉、养息、安顿之处,不至于茫茫然无所归宿。这与儒家的入世的人文精神不同,是一种超越的人文精神。这两种人文精神,在历史发展中实是相互补充、各有所成的,共同塑造了中国古代文化和中国知识分子的性格。

由老子开启的道家,经庄周及其后学的发展,成为源远流长的一大思潮。《庄子》书继《老子》书后,成为道家思想的又一经典,其影响经久不衰。历史上的许多思想家,都以此书为"文本",解读出自己的思想、自己的哲学。魏晋时期,玄学家们把《庄子》与《老子》《周易》并称"三玄",反复玩味,创造出玄学理论。向秀、郭象作《庄子注》,"发明奇趣,振起玄风""儒墨之迹见鄙,道家之言遂盛"

(《晋书·向秀传》)。道教兴起之后,《庄子》又成为道教的重要经书,称为《南华真经》。唐代道教思想家成玄英撰《庄子疏》,阐发"重玄之道",建构了他的道教哲学体系。直至20世纪初,章太炎著《齐物论释》,仍以解读《庄子》的形式来讲自己的哲学。

《庄子》还对中国古代艺术的发展产生了深刻影响。庄周对自由的祈向和对现实的超越,作为一种人生境界,也可以看作是一种艺术境界,表现了一种艺术精神。这对于中国绘画影响极大。当代中国著名学者徐复观曾言:"历史中的大画家、大画论家,他们所达到、所把握到的精神境界,常不期然而然地都是庄学、玄学的境界。宋以后所谓禅对画的影响,如实地说,乃是庄学、玄学的影响。"[1]《庄子》的这一影响,已超越其"文本",而融会于中国艺术精神之中了。这大概也是一种"体道"吧!

(李维武)

---

[1] 徐复观:《中国艺术精神》,台湾学生书局1984年版,自叙第8页。

《荀子》 荀况

在战国时期,儒学在发展中出现了很大分化。继孟轲之后,又有荀况名重一时,以致司马迁著《史记》时,将孟、荀二子相提并论,写成《孟子荀卿列传》。

荀况,字卿,又称孙卿,赵国人。他的生卒年代不可详考,其活动年代大约在公元前298年(周赧王十七年)至公元前238年(秦王政九年)之间。荀况博学善辩,年轻时便到学者荟萃的齐国"稷下学宫"讲学,齐襄王时曾三次被推为"祭酒"(学宫之长),成为享有很高声望的学者。以后,他游历秦、赵等国,从事政治活动,同这些国家的当权者讨论富国强兵问题。他对商鞅变法之后的秦国高度赞扬,把统一中国的希望寄托于秦国,但也尖锐地指出秦国的缺点,在于"无儒"。他在赵国专讲用兵之道,强调"凡用兵攻战之本在乎壹民",只有争取民众的依附和支持,才能取得战争的胜利。后来,他又到楚国,楚相春申君任他为兰陵令。公元前238年,春申君被杀,荀况也受株连而免官,从此定居兰陵,直至老死。

荀况在教育上和著述上很有成就。在秦统一中国过程中起过重要作用的思想家韩非和政治家李斯,都是他的学生。他的著作在西汉时抄录流传有300多篇,其中大多是重复的,经过刘向的整理,定为32篇,题名《荀卿新论》,即《荀子》一书。至唐代,杨倞为《荀子》作注,篇目依旧而顺序略改,一直流传直今。今本《荀子》32篇为:《劝学》《修身》《不苟》《荣辱》《非相》《非十二子》《仲尼》《儒效》《王制》《富国》《王霸》《君道》《臣道》《致士》《议兵》《强国》《天论》《正论》《礼论》《乐论》《解蔽》《正名》《性恶》《君子》《成相》《赋》《大略》《宥坐》《子道》《法行》《哀公》《尧问》。除《大略》以下六篇一般认为是荀况门人所记外,其余各篇都是荀况的著述。这是研究荀况思想的直接资料。

如果说孟轲承继子思学说,形成了儒家正统派的话,那么荀况则猛烈抨击子思、孟轲,形成了儒家内部的反对派。荀况反对孟轲,不在于反对孟轲对人的重视和高扬,而在于对人的主体性的理解与孟轲不同。荀、孟分歧的基本点在于:孟轲对人的理解,重在发掘出人的内部世界——自我意识,从而确立人的主体性,再从人的内部世界拓展出人的外部世界——人对自然的主导、人与社会的联系。相反,荀况对人的理解,则重在肯定人的外部世界——人对自然的主导、人与社会的联系,从而确立人的主体性,再从人的外部世界入手来塑造人的内部世界——自我意识。简言之,孟轲是由"内圣"而"外王",荀况则由"外王"而"内圣"。这种对人的理解的不同,导致了荀、孟在一系列问题上的分歧和对立,形成了荀况的独树一帜的人学体系。这也就构成了《荀子》一书的思想特色。

在《荀子》一书中,荀况对人与自然的关系的思考占有相当重要的地位,形成了"明于天人之分""制天命而用之"的天人观。

首先,荀况对"天"作了唯物主义的规定,明确指出"天"就是客观存在的自然界。在他看来,"天"并不神秘,无外乎是"列星随旋,日月递炤,四时代御,阴阳大化,风雨博施"(《荀子·天论》。下引该书,只注篇名)等自然物质运动、变化。这种运动、变化不是由上帝或其他神秘的力量所支配的,而是天地之间阴阳二气矛盾运动的结果,"天地合而万物生,阴阳接而变化起"(《礼论》)。他又指出,自然界有着客观的固有的规律性。他把这种自然规律称作"常道"。他说:"天行有常,不为尧存,不为桀亡。应之以治则吉,应之以乱则凶。"(《天论》)自然界是按其固有的客观规律运动变化的。自然规律不以人间统治者的好坏而发生改变。人们只有遵循自然规律,才能取得好的结果。如果违背自然规律,就必然会受到惩罚。

因此,荀况认为,天与人、自然与社会有不同的职能。他说:"不为而成,不求而得,夫是之谓天职。"(《天论》)自然界的职分,不是按照某种目的和意志创造万物,而是使万物自然成形、自然得性。而人的职分,则在于"辨物""治人",即认识自然、治理社会。人们不应当把自己的意志与目的强加于自然界,与天争职,而应当尊重客观现实,如实地反映自然,根据天象预测自然变化,因地制宜种植作物,按照季节安排农事,依据阴阳协调的道理进行管理。

在这个基础上,荀况提出了"明于天人之分"(《天论》)的著名命题。他指出,由于自然界与人各有其职分,因此,自然界不能干预人事,"治乱非天也""治乱非时也"(《天论》)。自然界的怪异现象,如日月之蚀、风雨不时、星坠木鸣等,都属于"天地之变,阴阳之化"(《天论》),与社会治乱没有关系,不必害怕。政治清明,这些怪异现象即使同时出现也无害;政治昏暗,即使没有一种怪异现象出现也不会有什么好处。他认为,造成社会动乱的根源,不是自然界的怪异现象,而是"人妖"。所谓"人妖",主要指田地荒芜、政令不明、礼义不修。正是这些社会因素,影响着社会的治乱。

同时,荀况又强调,人虽然不能把自己的意志和目的强加于自然界,但并不意味着人在自然界面前是无能为力的。他说"天有其时,地有其财,人有其治,夫是之谓能参。"(《天论》)天时的变化和土地的资源是客观存在的,但人能根据天时的变化,利用地上的资源,进行合目的的生产活动,在自然界上打下自己活动的印记。他由此提出了"制天命而用之"(《天论》)的光辉思想,认为与其崇拜天、歌颂天,不如像畜养万物那样将天驯服;与其顺从天、歌颂天,不如掌握自然规律("天命")而使之为人类造福;与其盼望天时、等待自然的恩赐,不如适应季节而驾驭它;与其依靠万物的自然增加,不如发挥人的能力促使它们化育;与其幻想役使万物,不如按照规律调理万物而不使之浪费;与其究心于万物之所以生,不如致力于万物之所以成。如果忽视人的作为去仰慕天道,那就失去了自然万物可以为人所利用的本性。

荀况的这些思想,对人与自然的关系问题作了正确的回答:一方面强调了自然界及其规律的客观性,另一方面又凸现了人的自觉能动性。荀况的人学体系,就是以这一天人观为基石而展开的。

人性问题,作为荀况人学体系的一项重要内容,在《荀子》书中甚为突出。

荀况从"明于天人之分"的思想出发,在人性问题上主张"性""伪"之分,把人的自然属性与人的社会品质区分开来。他认为,"性"是与生俱来的原始质朴的自然属性,表现为"饥而欲饱,寒而欲暖,劳而欲休"(《性恶》)等本能的物质需要,并不具有仁、义、礼、智的萌芽。因此,人的自然属性与人的礼义规范是格格不入的。如果顺从人的自然本性,任其发展,必然引起人们对有限的物质生活资料的争夺,导致强者害弱,众者暴寡,天下大乱。总之,人性恶而非善。孟轲讲人性善,是不对的。

荀况又认为,必须对人的恶的自然属性加以改造,使之成为符合礼义规范的善的社会品质。这种善的社会品质是怎样形成的呢?他说:"人之性恶,其善者伪也。"(《性恶》)所谓"伪",是人为的意思,指人的社会品质不是先天具有的,而是由于文化环境影响,经过长期教化和学习而形成的。在他看来,"圣人之所以同于众其不异于众者,性也;所以异而过众者,伪也"(《性恶》)。"圣人"之所以为"圣人",不在于发明"善端",而在于"能化性,能起伪"(《性恶》)。尽管"途之人可以为禹"(《性恶》),人人都可能成为"圣人",但要把可能转变成现实,还必须"化性起伪"对自己的自然本性进行改造,否则,是不能成为"圣人"的。

荀况十分重视礼义规范和教育学习对于改造"性"的作用。他说:"从人之性,顺人之情,必出于争夺,合于犯分乱理,而归于暴。故必将有师法之化,礼义之道,然后出于辞让,合于文理,而归于治。"(《性恶》)他强调"礼",认为"礼"是"强国之本"(《议兵》)、"人道之极"(《礼论》),不论是什么人,都必须遵循礼义规范。"虽三公士大夫之子孙也,不能属于礼义,则归之庶人。虽庶人之子孙也,积文学,正身行,能属于礼义,则归之卿相士大夫。"(《王制》)他强调"学",指出"干、越、夷、貉之子,生而同声,长而异俗,教使之然也。"(《劝学》)不同民族的人,在初生之时声音一样,没有区别,但由于在成长过程中受到不同的教化,长大以后却具有不同的教养和习俗。可见教育学习对人性的改变起着决定性的作用。他又指出,学习是一个渐进的过程:"积土成山,风雨兴焉;积水成渊,蛟龙生焉;积善成德,而神明自得,圣心备焉。"(《劝学》)贵在坚持,功在不舍。"锲而舍之,朽木不折;锲而不舍,金石可镂。"(《劝学》)

认识论问题,作为荀况人学体系的又一重要内容,在《荀子》书中亦占有地位。

荀况首先对认识主体作了明确的规定。他说"形具而神生,好恶、喜怒、哀乐藏焉,夫是之谓天情。"(《天论》)认为只有当人具备了形体,精神现象才随之产生,精神现象不是独立存在的,而是人的自然生理器官的一种属性("天情")。他还对发生精神现象的自然生理器官进行了区分,把人的耳、目、口、鼻、形等感觉器官称为"天官",把人的思维器官"心"称为"天君"。这就对形神关系作了较正确的说明,克服了以往学者把精神也作为物质(如"精气")的缺陷。

荀况进一步指出,人要获得知识,还在于认识主体同客观对象相结合。他说:"凡以知,人之性也;可以知,物之理也。"(《解蔽》)一方面,人有能知之才;另一方面,物有可知之理。因此,认识主体能通过与客观对象相接触,达到"知有所合"(《正名》),使主观符合客观,获得真理性认识。怎样才能达到"知有所合"呢?荀况认为只有经过"天官薄类"与"心有征知"两个既相区别又相联系的不同认识阶段,才能使人的认识比较正确地反映客观对象(见《正名》)。第一阶段是"天官薄类"。所谓"薄",即薄,指人的感官与对象相接触。人的感官有不同的作用,能分别获得关于认识对象的不同属性。这些感觉经验虽然是肤浅片面的,但为认识主体把握认识对象提供了根据。第二阶段是"心有征知"。所谓"征知",指对感觉经验进行分析、辨别、验证,形成概念,进行判断。在这个阶段起作用的是作为思维器官的"心"。在他看来,对人们形成认识、获得知识来说,这两个阶段不可缺一。通过感官获得的认识,必须经过"心"的检验,否则得来的认识是不可靠的;而"心"又必须通过感官接触各种事物才能作出抉择,否则就失去了根据。但是,"天官"和"天君"在认识活动中的地位和作用是不一样的,后者比前者更重要。他说:"心居中虚,以治五官"(《天论》);"心者,形之君也,而神明之主也"(《解蔽》),强调思维器官对感觉器官起着控制作用,能支配人的形体和精神。

荀况在突出"心"在认识活动中的地位和作用时,特别注重总结百家争鸣过程中的理论发展规律,发现思维教训。他认为,先秦诸子各家在理论上之所以都存在缺陷,从认识论上讲,就是"蔽于一曲而暗于大理"(《解蔽》),即认识往往被片面的、局部的现象所蒙蔽,而不能全面地、客观地看问题。这种认识的片面性,是"心术之公患"(《解蔽》)。为了防止"心术之公患",应当全面地、辩证地看问题,对问题的各层面"兼权之,孰(熟)计之"(《不苟》),克服片面性。而要做到这一点,就必须认识和把握"道""精于道者兼物物"(《解蔽》)。"道"指事物自身的规律性,是事物中更全面、更本质、更深刻的东西;只有精通了"道",才能更全面、更正确地认识事物。客观的"道"怎样才能被主观的"心"所认识呢?荀况说:"人何以知道?曰:心。心何以知?曰:虚壹而静。"(《解蔽》)这里的

"虚",指不以已有的知识妨碍新知识的接受;"壹"指思想专一;"静"指思想宁静。"虚壹而静",即虚心、专心、静心,只有这样,才能认识"道"。

《荀子》的思想相当丰富,对中国文化发展产生了多方面的重要影响。

《荀子》所提出的"明于天人之分""制天命而用之"的天人观,为后世的许多思想家所继承和发挥。王充主张"天与人异体"(《论衡·变虚》),柳宗元主张天与人"其事各行不相预"(《答刘禹锡天论书》),都承继了荀况的"明于天人之分"的思想。刘禹锡提出"天与人交相胜",认为:"天之所能者,生万物也;人之所能者,治万物也""天之能,人固不能也;人之能,天亦有所不能也"(《天论上》),则是对"制天命而用之"思想的发挥。

《荀子》所提出的"形具而神生"的形神观,也为以后的许多思想家所汲取和光大。王充说:"形须气而成,气须形而知。天下无独燃之火,世间安得有无体独知之精?"(《论衡·论死》)杨泉也说:"人含气而生,精尽而死。""灭火之余,无遗炎矣;人死之后,无遗魂矣。"(《物理论》)他们都认为,人的精神来自精气("气"),形体有了精气才能成为人的形体,精气只有依赖形体才能发挥智慧。人死之后,形体坏灭,精气也就耗尽,精神更不能继续存在。范缜则进一步把精神看作形体的功用,明确提出:"形存则神存,形谢则神灭"(《神灭论》),从而在中国古代哲学史上第一次确立了唯物主义的形神一元论。

《荀子》曾言:"雩而雨,何也?曰:无何也,犹不雩而雨也。"(《天论》)"雩"是求雨的祈祷。当有人问为何"雩"而得雨时,荀况答以"无何也",认为下雨实际上同"雩"没有联系。明清之际的熊伯龙,取《荀子》之义,以《无何集》作为他宣传无神论思想文集的书名。

《荀子》关于"礼"的理论对中国封建社会的礼义规范产生了直接影响。汉初成书的《大戴礼记》的《礼三本》《小戴礼记》的《三年问》,均出自《荀子》的《礼论》。正是这样,当谭嗣同对中国二千年封建网罗进行勇敢冲击时,把批判的锋芒直指荀况,称:"二千年来之政,秦政也,皆大盗也;二千年来之学,荀学也,皆乡愿也。"①

与之相比,《荀子》关于"学"的理论可以说至今仍有其真理性。书中所论:"学不可以已""博学而日参省乎己,则知明而行无过矣""青,取之于蓝而青于蓝;冰,水为之而寒于水"(《劝学》),依然算得上教育学的至理名言。

(李维武)

---

①《谭嗣同全集》,中华书局 1981 年版,第 337 页。

《淮南子》 刘安等

《淮南子》又名《淮南鸿烈》《刘安子》，是西汉时期宗室淮南王刘安和他的门客共同编著的一部杂家著作，是书在继承先秦道家思想的基础上，糅合阴阳、墨、法和一部分儒家思想而成，是继《吕氏春秋》后又一部集合了诸子百家思想的集大成之作，对后世研究秦汉时期文化有着不可替代的作用。

《淮南子》编成后，原名《鸿烈》。最早为《淮南子》作注的东汉人高诱在《叙目》中说："(本书)号曰《鸿烈》。鸿，大也。烈，明也。以为大明道之言也。"又说："光禄大夫刘向校定撰具，名之《淮南》。"可见刘安在编成本书后，给这部书取的名字本为《鸿烈》，经西汉末年刘向校书后，才改名为《淮南》，东汉以后，又有人合称此书为《淮南鸿烈》。至《隋书·经籍志》始称《淮南子》，为后世通用的书名。

《淮南子》的作者，是西汉武帝时期的淮南王刘安以及他的门客，用今天的话说，《淮南子》是一部集体创作的著作。参与编著的宾客，据高诱记载，包括苏飞、李尚、左吴、田由、雷被、毛被、伍被、晋昌等"八公"（见高诱《叙目》《史记·淮南衡山列传》）。编撰之前，刘安首先跟上述宾客"共讲论道德,总统仁义",然后分工执笔,最后由刘安完成统稿、润色的工作(高诱《叙目》)。然而,对于高诱记载的《淮南子》的创作方式,后世学者也提出了异议。如茅盾曾分析高诱"八公"著述之事后说:"从这一段话,我们可以推想(一)淮南当日宾客中有八人极尊,此八公山名之所自;(二)八公之名,史传不见,惟高诱记之;(三)八人中仅三人名见《汉书》,而中一人又疑非贤者。所以,高诱虽然确举八个人名,说是《淮南子》的撰述者,我们却不能不疑"①茅盾的怀疑不无道理,但从今传《淮南子》的文章风格来看,辞藻华丽、气势宏大,尤其是其用韵、句式,通篇都相当一致。这表明至少在书成进献武帝之前,有人对全书进行了统一的修改润色,并最终编定了此书。从史书上对刘安生平的记载来看,这个人最大可能就是精通文墨的淮南王刘安本人。

刘安,西汉皇族,淮南厉王刘长的儿子,汉高祖刘邦的孙子,汉武帝刘彻的叔父。生于汉文帝元年,史载:"淮南王安为人好书、鼓琴,不喜弋猎狗马驰骋",是西汉皇族中少有的爱好艺文之事的成员。他的父亲淮南厉王刘长,是高祖的小儿子,文帝的少弟,自幼便骄纵自大,终因此获罪,最后绝食而死。文帝怜悯幼弟,将刘长的四个儿子都封为侯爵。其中,封刘安为阜陵候,文帝十六年,又把原来的淮南国分封给刘安兄弟三人,改封刘安为淮南王,以

---

① 原载《淮南子<选注本>绪言》,商务印书馆出版,1926 年 3 月,后收入《矛盾古典文学论文集》,上海古籍出版社,1986 年 12 月第一版,第 448-456 页。

承父荫。景帝时,吴楚七国谋反,刘安站在朝廷一方,因此在叛乱平定之后平安无事。武帝即位后,爱好艺文,以刘安"辩博善为文辞",又有叔父之尊,对他十分尊重,每次写给刘安的书信或者封赏的旨意,草稿都要请司马相如过目润色(《汉书·淮南衡山济北王传》)。刘安本人则热衷于招徕门客,著书立说,在淮南国内"招致宾客方术之士数千人,作为《内书》二十一篇,《外书》甚众,又有《中篇》八卷,言神仙黄白之术,亦二十余万言。"(《汉书·淮南衡山济北王传》)其中的《内书》就是《淮南子》。这部《内书》,后来在刘安入朝觐见时,被献给了汉武帝刘彻,武帝读后"爱而秘之"(《汉书·淮南衡山济北王传》)。献书的时间,据学者考证,为武帝建元二年(参见牟钟鉴《<吕氏春秋>与<淮南子>思想研究》)。其时武帝虽然即位,但掌握朝廷大权的是偏好黄老之术的窦太后。刘安献书,既是投其所好,同时也在申明自己的政治主张,他在《淮南子·要略》中说:"若刘氏之书,观天地之象,通古今之事;权事而立制,度形而施宜;原道之心,合三王之风……故置之寻常而不塞,布之天下而不窕。"得意之情溢于言表,认为自己的《淮南子》可为治世之准则。然而,一心加强君主集权的汉武帝并不认可刘安的政治主张,得到《内书》时的"爱而秘之",恐怕更多地是在窦太后威权下的姿态,而非出自对这本以老庄为主,杂糅各家的《淮南子》的欣赏。建元六年,窦太后死,武帝改元元光,立刻接受了董仲舒等人的"天人三策",随之开创了武帝朝"罢黜百家、独尊儒术"的局面。刘安的政治理想宣告破产,他本人也在元朔年间的政治漩涡中遭受了灭顶之灾。公元前122年(元狩元年),汉武帝以刘安"阴结宾客,拊循百姓,为叛逆事"等罪名,派兵进入淮南,自知在劫难逃的刘安被迫自杀。所幸的是,他的心血结晶——《淮南子》流传了下来,为我们了解西汉初年的思想史发展提供了第一手资料。

前面已经提到,刘安组织宾客编辑的书籍,包括《内书》二十一篇,《外书》三十三篇,八卷《中篇》,凡二十余万言。其中的《内书》(或称《内篇》)二十一篇,就是流传至今的《淮南子》。是书取材宏富,天文地理、兵略治术、风俗道德、草木鸟兽等无所不包,明代许国说:"考其书,原道德则依《庄》《列》,推阴阳则准星官,辨方舆则赅《山海》,纪四时则征《月令》,综政术则杂申、韩,以至《离骚》之奇,《尔雅》之正,文、邓之辩博,仪、秦之短长,隽绝瑰琦,无所不有。"(明汪一鸾刻本《淮南鸿烈解》序)在先秦道家思想的基础上,综合了诸子百家学说的精华部分,包括儒家"性善""修身",道家"无为""天地",法家"法制",墨家、农家、杂家、纵横家、名家、阴阳家,思想丰富,理论深刻,涉及历史、政治、天文、地理、医学、文学,对秦汉时期文化进行了系统的总结。

西汉王朝建立之初,由于连年战乱,社会生产遭到了严重的破坏,经济萧条,天下饥馑。此外,灾荒疾疫接连发生,民生凋敝,田野荒芜,人口锐减,城市亦随之衰落。汉初的统治者没有治理经验,唯有总结秦朝施行暴政而速亡的教训,面对残破的局面,为恢复生产,稳定统治秩序,实行以重农、轻徭薄赋和崇俭为主要内容的"休养生息"政策。与之相适应,在政治上实行以简政省刑为主要内容的"无为之治",尽量减少国家对人民生活的干预,减轻百姓的赋役,使百姓有较安定的环境、较充裕的时间和一定的财力从事生产和经营活动。同时,为了巩固刘氏统治,大量分封宗室子弟,给各地诸侯王极大的独立权力。这些政策虽然有效地缓解了秦末以来严重的社会矛盾,但也为文景时期的吴楚七国之乱埋下了伏笔。可以说,西汉初年的国策和治理思想是以黄老学说为基础的"无为而治",与《淮南子》所体现的政治主张是一致的,这也符合刘安作为诸侯王的身份和既得利益。武帝登基后,汉朝的经济已经恢复,国力强盛,武帝本人也励精图治,试图改变汉初以来"无为"的局面,希望加强中央集权。以董仲舒为代表的儒士集团捕捉到了这一点,将阴阳五行、天人感应的学说与儒家思想融合,得到了汉武帝的支持。这就使得武帝朝前期的朝堂上存在着两种不同政治路线之间的斗争。

作为诸侯王代表,又是武帝叔父的刘安,自然不愿意打破汉初以来的施政思想,希望维持无为而治,保证诸侯王的既得利益。因此,《淮南子》的思想核心,实际上是在为黄老学说的"无为而治"张目。刘安阐述道家无为思想的两个方面,一是政治上主张无为而治,治理国家要遵循社会和自然界的规律,不过多地干预事物,无为方能无不为,无治方能无不治。二是认识自然,尊重客观事物的本性，注重客观事物的变化。

在治理国家方面，《淮南子》的《修务训》篇开宗明义地指出，"无为者，寂然无声，默然不动，引之不来，推之不往。如此者，乃得道之像。吾以为不然"，他坚决否认这种无所作为的言论，所谓无为，不是寂然无声，默然不动，拉他他不来，推他他不去。同时指出君王应尽的义务"且古之立帝王者，非以奉养其欲也；圣人践位者，非以逸乐其身也。为天下强掩弱，众暴寡，诈欺愚，勇侵怯，怀知而不以相教，积财而不以相分，故立天子以齐一之。"古代拥立帝王，不是为了奉养其物欲，圣人登上君位，也不是为了自身的安逸享乐。而是因为天下出现了以强凌弱、以多欺少、以诈骗愚、以勇侵怯、满腹经纶不肯指导别人的现象，所以才拥立帝王来使天下团结平等。无为而治绝不是无所作为，随波逐流，放任不管，而是要求遵循自然规律和社会规律，不过度干预世间万物。君主顺应自然社会规律，民众便能得到很好的治理，违背规律便收不到好的效果，甚至受到惩罚。违背了规律便不能做到无为，更不能大有作为，君王只要顺应社会自然规律，许多事情自然能收到好的效果。君主不仅要顺应自然规律，更要善于利用自然规律。想要成为一代名君，君主要发挥自己的作用，指导百姓按照天时农时的实际情况来合理运用自然的力量，顺应大自然的趋势，指导百姓的生产生活，把"无为"和"有为"结合起来，既不能过度的干预民生，又要适度的引导百姓积极生产，让他们顺应自然规律，这样才能让百姓生活富足而没有后顾之忧,才能使国家长治久安。

其次《淮南子》中的"道",指的是自然规律。《淮南子·修务训》:"夫地势水东流,人必事焉,然后水潦得谷行,禾稼春生,人必加功焉,故五谷得遂长。听其自流,待其自生,则鲧、禹之功不立,而后稷之智不用。"这里体现了遵循自然规律的道理,治理水要按照地势的规律,耕种要根据庄稼生长规律,庄稼才能得到较好的生长。如果违背自然规律,就会遭到自然的惩罚。以老庄为代表的先秦道家在论道同时重视"修身"的问题,老庄强调人君修身对于治国的重要。儒家则以修身为治国平天下之本,《淮南子》继承了儒道两家关于修身的学说,认为要治理好国家,首先要治理好身体和心灵,即修身养性。

《淮南子》主张"以民为本",继承并发扬了先秦儒家的原始人道思想,并将其上升为民本思想。《氾论训》说:"治国有常,而利民为本。"《主术训》说:"食者,民之本也;民者,国之本也;国者,君之本也。"《主术训》说:"是故人主覆之以德,不行其智,而因万人之所利。"这里强调君主要德治,以民众的利益为先来处理政务,这样才能让天下人都获得利益。《淮南子》主张人性本善,并对孟子的性善论进行了扬弃。在《泰族训》中同意孟子的观点,认为"人之性有仁义之资",但是也对孟子思想进行了改进。《淮南子》强调"仁义之资"必须与后天教育相结合,才能臻于完美:"故无其性,不可教训;有其性无其养,不能遵道。茧之性为丝,然非得二女煮以热汤而抽其统纪,则不能成丝;卵之化为雏,非呕暖累日积久,则不能为雏。人之性有仁义之资,非圣人为之法度而教导之,则不可使向方。"即是说,善良是人的内在本质,教育是培育善良的后天因素,只有两者结合,才能真正成就人的善良。

在回答宇宙是如何诞生的问题上,中国古代的宇宙生成论主要是从自然的整体规律性进行概括和总结的。对于宇宙万物的生成,《天文训》说:"天地未形,冯冯翼翼……日月之淫气精者为星辰。"天地没有形成之前,宇宙混沌不分,迷迷茫茫,处于一种"无"的状态。"虚廓"产生出了宇宙,即时间和空间,宇宙又升腾出"气",气是有分量浓度的,其中清明的部分,飘逸扩散形成天,浑浊沉重的部分凝结聚集成为地。轻微之气容易聚合,沉重浑浊之气凝结困难,所以,天先于地形成。天地形成后孕育出各自的精气,分化为阴阳二气,阴阳之气相互会合集中,便产生春夏秋冬四时,阴阳之气散布开来,形成万物,世界进入了生命的境界。长期积聚的阳的热气生成火,火的精气变为太阳;长期积聚的阴的寒气生成水,水的精气变为月亮。太阳、月亮多余的精气变为星辰。《淮南子》所描述的宇宙生成过程,是秦汉以来最为系统的宇宙生成论,刘安吸收了老子"道"生万物的理论,庄子道乃是气,气的聚散形成万物的生灭。以及《吕氏春秋》"万物所出,造于太一,化于阴阳"等思想,是人类对宇宙认识的一大突破。

《淮南子》讲"无为而治,同时肯定法的作用,《主术训》中说:

"法者,天下之度量,而人主之准绳也""所谓亡国,非无君也,无法也。变法者,非无法也,有法者而不用,与无法等",法度也要适应环境的变化,要符合广大民众的利益。《淮南子》主张以法为天下之度量,以法律为衡量事物的唯一准绳,这样便排除了君主本人的主观意志和个人才智的干涉,君主由此便可实现"无为而治",这里的"无为"等同于"依法",同时规定法律高于君主的个人意志,法既制定,臣民和君主要共同遵守,同样接受法律的约束。君主不能以个人好恶为转移,而任意践踏法的尊严,法成为实行奖惩的唯一依据。法是衡量客观事物的标准,具有客观性和规范性。法是君主治理天下的工具,君主必须牢牢掌握它,否则就不能驾驭群臣。"《淮南子》明确地将法律的权威置于君主之上,认为设立法律的意义在于约束君主的行为而使其不得专断自恣,从而使法的公平性得到了空前的肯定,这与先秦法家把君主个人意志凌驾于一切的思想相比,不吝为一大进步,是对"法自君出"和"皇权至上"等皇权思想的公开挑战,是中国传统法律思想史上通过立法以限制君权思想的最早的萌芽。[①]"同时《淮南子》肯定了法律要顺应环境而变化,符合广大民众的利益,这一点突破了传统对法律的理解,很有进步意义。

《淮南子》一书,虽以道家思想为内核,但其内容驳杂,且各篇章之间多有矛盾、重复之处,引起了后世许多学者的批评。但总

[①] 金春峰:《汉代思想史》,中国社会科学文献出版社 1997 年版,页 245

的说来,是书博采众家之长,内容丰富深邃,近乎一部秦汉以前学术思想之百科全书。且行文流畅,辞藻华丽,记载了大量历史、神话、传说、故事,文风新异瑰奇,繁复有序,蕴含了丰富的史学、哲学、文学等各个领域的思想文化资源,仍然值得今人探索和借鉴。

(刘悦 熊静)

《论衡》 王充

西汉武帝定儒家为一尊,罢黜百家,形成了一套与封建专制王权相适应的系统化理论。这一理论思想的特征是把孔子及儒学神圣化,推崇天人感应,大兴谶纬迷信。就是在这样的背景下,王充写出了这部与"圣贤相轧"的《论衡》。

王充字仲任,生于东汉光武帝建武三年(27年),卒年大约在东汉和帝永元年间(约97年)。根据《论衡·自纪篇》所载,他的先祖是魏郡元城(今河北大名)人,某一代因从军有功,封会稽阳亭,不久失官,以农桑为业。世祖结仇众多,祖父恐为怨仇所害,举家迁至会稽钱唐县,以贾贩为事。其父亦勇势凌人,不得已又徙居上虞。《后汉书》本传记载,王充少孤,后到京师,受业太学,拜班彪为师,"好博览而不守章句。家贫无书,常游洛阳市肆,阅所卖书,一见辄能诵忆,遂博通众流百家之言"。其后回乡"屏居教授",也做过郡县一级的小官,一生主要以著述为事。本传又称:"充好论说,始若诡异,终有理实。以为俗儒守文,多失其真,乃闭门潜思,绝庆吊之礼,户牖墙壁各置刀笔。著《论衡》八十五篇,二十余万言,释物类异同,正时俗嫌疑。"王充还有其他一些著作,计《养性书》16篇,《讥俗书》12篇及《政务书》等,今皆不存。《论衡》85篇,现存84篇(缺《招致》一篇),是一部被封建正统思想视为异端的代表作。

王充受前辈学者桓谭等人的影响较大。桓谭是东汉初年的思想家,曾著有《新论》等书,反对谶纬神学,抨击俗儒,多次与刘歆、扬雄等人辨析疑异。桓谭批判神学迷信和反对谶纬,对王充写作《论衡》有很大启发。《论衡》中多次提到桓谭,并予以高度评价,王充说,桓谭"作《新论》,论世间事,辨照然否,虚妄之言,伪饰之辞,莫不证定"(《论衡·超奇》)。《论衡》在《新论》的基础上,以黄老自然主义为出发点,进一步批判天人感应和谶纬迷信的虚伪,并把论辩的焦点指向儒家圣贤和儒学经典,揭露书传中伪言伪说的妄诞。

王充在《论衡》中多次提到该书的写作宗旨,他在《自纪篇》中说:"又伤伪书俗文,多不诚实,故为《论衡》之书。"他在《对作篇》中又说:

> 是故《论衡》之造也,起众书并失实,虚妄之言胜真美也,故虚妄之语不黜,则华文不见息;华文放流,则实事不见用。故《论衡》者,所以铨轻重之言,立真伪之平,非苟调文饰辞为奇伟之观也。今《论衡》就世俗之书,订其真伪,辨其实虚,非造始更为,无本于前也。《论衡》细说微论,解释世俗之疑,辨照是非之理,使后进晓见然否之分,恐其废失,著之简牍。

由此可见，王充写《论衡》，其一项主要任务就是辨伪书俗文，疾虚妄之说。虽然《论衡》一书的内容很广泛，但就对后世的影响来看，受人责难、受人注重者，就在这一方面。

王充知识广博，深谙先秦史实，对汉代的经学也十分通晓，因此他在论辩中常能引史实为据，以经传辩说。更值得重视的是，王充还具有一定的科学技术和科学理论方面的知识。汉代科学技术，比较突出的有天文历算，农田水利和医学。司马迁等人编"太初历"，刘歆等人编"三统历"，当时讲历算方面的书有《九章算术》，王充本人对天文历算也很有造诣，《论衡》中常常引用这方面的知识。农田水利方面的有《氾胜之书》，王充在论证一种道理，批判一种荒谬说法的时候，经常用农业知识做实例。王充又精晓医学，晚年曾作有《养性书》16篇，这是一本关于医学方面的著作。此外，当时有人体解剖和病理学的医书《难经》，有药典《神农本草经》，有《针经诊脉法》。特别是《黄帝内经》，比较全面地讲述医学原理和治疗的原则。这些科学成就都为王充的论辩提供了参考和借鉴。

王充在论辩过程中，形成了一套相当客观的思想方法，这就是"实事疾妄"，以事实批驳虚妄。王充说："《论衡》实事疾妄。""论则考之以心，效之以事，浮虚之事，辄立证验。"（《论衡·对作篇》）这里强调"证验"，要求凡所立论，要以实事加以效验，这样浮虚之事就可以得到验证。在王充之前，韩非也强调"征验"，他说："无参验而必之者,愚也;弗能必而据之者,诬也。"(《韩非子·显学》)这是说,如果把未经过多方面的调查研究,没有征验的资料作为依据,加以肯定,这是愚拙的举动;如果不能肯定就轻易地依据它,这是欺诬的行为。对历史事实的说明和考证,韩非强调调查研究,强调要以有征验的资料为依据,反对主观臆测,主张以事实立说。王充继承了韩非的思想,进一步强调"证验"或"效验",最值得注意的是,王充把"证验"作为一种方法论,并应用到他的论述中。王充还注意到历史事实的前后联系性,他指出:"凡天下之事,不可增损,考察前后,效验自列,自列则是非之实有所定矣。"(《论衡·语增篇》)王充强调对一件事前因后果的考察,需有一个检验的标准,然后才可判明其是非。

在辩论过程中,王充对伪书伪说产生的原因作了考察,他说:"世俗所患,患言事增其实。著文垂辞,辞出溢其真,称美过其善,进恶没其罪,何则?俗人好奇。不奇,言不用也。誉人不增其美,则闻者不快其意。毁人不益其恶,则听者不惬于心。闻一增以为十,见百益以为千。使夫纯朴之事,十剖百判,审然之语,千反万畔。"(《论衡·艺增篇》)王充指出伪书伪说产生的原因有二:一是为了满足人们的好奇心,著书立说者言过其实;二是在传闻中,以一为十,事实变相,成为伪说。

在《论衡·书虚篇》中,王充认为,"世间传书诸子之语,多欲立奇造异,作惊目之论,以骇世俗之人",实不可信。当时有说颜渊与孔子登泰山极目吴昌门,颜渊因精力竭尽而早死。王充说:"如实论之,殆虚言也。案《论语》之文,不见此言。考六经之传,亦无此语。"王充又从客观规律上据理驳斥,认为人目望远不过百里,何能见千里之外?更不能望远而致死。王充将书本记载与客观事实相结合,对伪书伪说的批驳十分有力。世间又传说淮南王刘安得道升天,连家人鸡犬也都成了仙。王充根据历史事实指出刘安是因谋反事泄而自杀。"传称淮南王仙而升天,失其实也。"(《论衡·道虚篇》)世传宋医文挚为齐王治病,齐王怒而烹文挚,然三日三夜不死。王充说:"置人寒水之中,无汤火之热,鼻中口内不通于外,斯须之顷,气绝而死矣。寒水沉人,尚不得生,况在沸汤之中,有猛火之烈乎?"(同上)王充从科学的道理入手,驳斥伪说。像类似的考辨在《论衡》中常常见到。

更可贵的是,王充敢于对儒家圣贤和儒家经典进行批判。他在《论衡·问孔篇》里,列举了大量事实,指出孔子言行的矛盾处和《论语》中的不实之辞。他总括说:"世儒学者,好信师而是古,以为贤圣所言皆无非,专精讲习,不知难问,夫贤圣下笔造文,用意详审,尚未可谓尽得实,况仓卒吐言,安能皆是?不能皆是,时人不知难;或是,而意沉难见,时人不知问。案贤圣之言,上下多相违;其文,前后多相伐者。"在《论衡·刺孟篇》里,王充列出孟子言行矛盾之处多条,据实驳斥。例如,孟子所说五百年必有王者兴,王充根据历史发展的事实,认为孟子的话没有史实根据。在当时,王充能够破除对儒家圣贤的迷信,敢于离经叛道,这是相当有胆识的。

继《问孔》《刺孟》二篇,王充进一步揭露圣人的虚妄。当时的俗儒们认为圣人能够先知,并能预料死后的事情。王充在《实知》和《知实》两篇中,列举大量事实,指出圣人不能先知,也不能预料后事。他说:"故夫可知之事者,思虑所能见也;不可知之事,不学不问不能知也。不学自知,不问自晓,古今行事,未之有也。"(《论衡·实知篇》)又说:"圣人不能神而先知。"(《论衡·知实篇》)很显然,王充明确指出知识来源于学、问,或者说是来自于经验,而不是来自于先天。王充关于知识论的讨论是有着深远的意义的。接着,王充指出:"凡论事者,违实不引效验,则虽甘义繁说,众不见信。论圣人不能神而先知,先知之间,不能独见;非徒空说虚言,直以才智准况之工也。事有证验,以效实然。"(同上)王充再一次提出"证验"与"效验"的重要性,反对凭空穿凿,不顾事实。

五经是怎样的一些书,这是中国经学史上的一个很重要的问题。汉代的经学家们在给五经作传时,从中求微言大义,牵强附会,加进许多虚言妄语,并把五经捧到至高无上的地位。事实上,五经并没有什么特别,它们不过是先秦时期平平常常的文献,其中《尚书》《春秋》是当时的历史文献。王充认识到这一点,他说:"《尚书》者,以为上古帝王之书,或以为上所为下所书,授事相实而为名,不依违作意以见奇。"(《论衡·正说篇》)这是说《尚书》只不过是记录上古帝王言行的书。王充认为,《春秋》是鲁国史记的名称，与晋之《乘》、楚之《梼杌》相类似，孔子所修的《春秋》"未必有奇说异意，深美之据也"（《论衡·正说篇》）。王充把《尚书》和《春秋》看作是远古的史书，这是符合历史事实的。基于这样的认识，王充进一步指出："儒者说五经，多失其实，前儒不见本末，空生虚说。后儒信前师之言，随旧述故，滑习辞语。苟名一师之学，趋为师教授，及时蚤仕，汲汲竟进，不暇留精用心，考实根核。故虚说传而不绝，实事没而不见，五经并失其实。"（《论衡·正说篇》）最后王充总结说："经之传不可从。"

　　王充这方面的思想对唐代史学家刘知几有很大的影响。刘知几把《尚书》《春秋》《左传》并不作为经书看待，他认为《尚书》等为记言类史籍，《春秋》等为记事类史籍，《左传》等为编年类史籍，并把它们同《国语》《史记》《汉书》一并作为正史六家并列，这是相当有卓见的，成为后世"六经皆史"说的先河。此外，刘知几在王充论辩的基础上，进一步对《尚书》《春秋》等书进行考辨。他在《史通·疑古》篇中，利用晋代出土的《竹书纪年》《汲冢书》等材料与儒家经典的矛盾，对《尚书》《春秋》《论语》等书提出多种疑问，并认为这些书的记载仅"略举纲维，务存褒讳，寻其始终，隐没者多"，不可尽信。在《史通·惑经》篇里，对《春秋》提出未谕者有十二，认为《春秋》谬误和不实之处甚多，《春秋》不仅有很多材料不可靠，而且也没有一定的史体，褒贬不一，沿习前史乖僻、讹谬的地方很多，同时还指出，后学对《春秋》吹捧和虚美太过，并一一批评了这些俗儒对《春秋》的盲目崇拜。

刘知几对王充思想的继承使王充的思想方法更受后世所注重。王充"实事疾妄",所用的事实是多方面的:(1)用比较可信的先秦文献驳斥后出的伪书伪说;(2)用客观的历史史实驳斥那些歪曲历史的伪书伪说;(3)用科学知识或客观自然规律作证据驳斥伪说和迷信。王充辩说方法的科学性和运用材料的可靠性,使他的论说更具有说服力。由于王充的思想观点冲击了儒学的思想体系,触犯了统治阶级的根本利益,因此他的学说受到了封建正统学者的排斥。王充活着的时候,《论衡》一书始终未能流传,直到王充死后一百年左右,其书才得蔡邕、王朗之力而公布于世。

《四库全书总目》将《论衡》列入杂家论,并认为王充作此书,"内伤时命之坎坷,外疾世俗之虚伪,故发愤著书,其言多激。《刺孟》《问孔》二篇,至于奋其笔端,以与圣贤相轧,可谓悖矣"。但也认为该书"儒者颇病其芜杂,然终不能废也"。

近代以来,《论衡》一书受到学者们的普遍关注。章太炎认为王充是"汉代一人",绝未过火。侯外庐等人在《中国思想通史》里对王充作了这样的评价,他指出:

王充的反谶纬反宗教的思想,毫无疑问是中世纪思想史上第一个伟大的"异端"体系,是两汉以来反对"正宗"思想的与反对中世纪的神权统治思想的伟大的代表。

(王余光)

《太平经》

公元184年,即东汉灵帝中平元年,岁次甲子二月,京师洛阳的人们刚刚过完一年一度最重要和最轻松的节日:上年十二月的腊祭和本年正月十五的上元节,他们兴犹未尽,而早春二月和煦的微风,更令人陶醉于对阳春三月上巳节的憧憬之中。这些年,天公十分不作美,就在前年,182年,还发生过瘟疫,洛阳虽受灾不巨,人们却余悸尚存。今年年成稍平缓,人们却劈头遇上一场更为可怕和不祥的灾难:朝廷逮捕并车裂了企图在这个帝国首都发动暴乱的农民马元义,并处死了他的跟随者1000余人。洛阳城内一片惊怖。而这时的灵帝刘宏及其臣僚们,更是如坐针毡,他们万万没想到,或者是想到了却万万来不及应付——就在这一事件后不几日,马元义的上司,即那位已被通缉的张角突然发难,一声令下,他的同仁们立即在冀、青、徐、幽、荆、扬、兖、豫八州同时揭竿,数十万头裹黄巾的农民,一齐向刘汉王朝发起了摧毁性的进攻。

烽烟骤起,京师震动。不久,帝国分崩离析。公元220年,即暴动最后失败的10余年以后,东汉灭亡。

这个暴动,就是彪炳千秋的黄巾大起义。

黄巾起义从实质上结束了中国历史上的一个朝代,而起义发动者的行动纲领竟是《太平经》——中国最早的道教典籍。张角则是以《太平经》为依据创立"太平道"的"大贤良师"。

与张角同时,在帝国西部汉中盆地存在着一个持续20余年的农民割据政权,其首领为"五斗米道"教主张鲁。"五斗米道的思想",今人卿希泰先生说,"与《太平经》有密切的关系,其祷祝符箓,以及它统治汉、川时期所实行的一系列政治和经济措施,很多都和《太平经》的主张相似,可以从《太平经》中看出其渊源关系",所以这位学者继续说,张鲁政权"是《太平经》有关思想的具体实施"。

作为一种宗教,道教究竟产生于什么时候,虽然是一个令中外学者深感头疼的问题,但他们仍然相信:"五斗米道"和"太平道"是道教最早的两支。前者产生于东汉顺帝年间(公元126-144年),创始人是张陵;后者则稍晚,为灵帝时(公元168-172年)黄巾领袖张角所创。战国末燕齐地区的神仙家,被看作道教的前身。"太平道"所依据的经典是《太平经》。

富有想象力和浪漫色彩的道士们说,《太平经》是顺帝时北海一位癫疮患者干吉(一作于吉)从一位卖药老头那里得到的,老头告诉干吉,此书不仅可以治病,且使人长生不死。干吉叩头受书后,医好了自己颇不体面的病症,又在民间消灾救病三百年,最后道成仙去。传说不可以作为信史来说明《太平经》的起源,但它却给了我们一些启示:《太平经》也许就是干吉那个时代成书的。关于这个问题,著名道教史家王明先生经过令人信服的考证以后告诉我们:它确实是公元2世纪前期——后汉安帝、顺帝之际的作品。当然,"它不是出于一时一人之手,可以说是一部集体编写的道书"。

在《太平经》成书以前,诚如我们所知道的,民间有神仙家,他们用内修炼丹之类的仙术标榜长生不死,又用冥通符咒之类的神术来治病救人,从而得到人们青睐,以至于一代名臣张良也"愿弃人间事,欲从赤松子游"。后来,运用这两种方式的神仙家们分别演变成为丹鼎派和符箓派,并具有了宗教的性质。再后来,技高一筹的符箓派以其符咒治病的实干精神赢得了主导地位,并演变成为正式道教。《太平经》就是集符箓派大成的著作。

洋洋30余万言的《太平经》共分170卷,内容十分庞杂,甚至自相矛盾。要想得到它的全部精神,确实不太现实,好在不少专家已对它作了整理和分析,使我们管中窥豹,得见一斑。

《太平经》一书的出发点和基本线索,王明先生说,就是"致太平",《太平经》所热烈追求的也就是这个幻想中的"太平世界。"《太平经》的思想内容包括两大部分:

第一是阴阳和顺,物富民安。

阴阳是中国哲学的一对范畴,它表示着一个现象的正反两个方面,所以哲人们感到,事物都是有法则的,违背了它就可能遭到惩罚,而调和、理顺阴阳关系正是遵循事物法则的表现。将这种认识论应用到政治上,就要求统治者致力于新旧矛盾的均衡与统一。《太平经》正是从这一点出发,说道:

阴阳者,要在中和。中和气得,万物滋生,人民调和,王治太平。(《太平经钞》乙部《和三气兴帝王法》)

为了达到物富民安、王治太平的理想境界,《太平经》的作者在政治上要求知人善任;减轻刑罚;反对劳民伤财的厚葬;并主张以民为本、沟通民意。《太平经》说:

上古帝王将任臣者,谨选其有道有德,不好杀害伤者。(卷五十四)

在这里,作者托古贤帝王而立论,实际上就是指望当时有才德的人出仕,所以《太平经》又说道:

其仕之云何?各问其才能所长,以筋力所及署其职。何必署其筋力所能及乎?天之事人,各因其能。不因其才能,名为故冤人,则复为结气增灾。(卷四十八)

这就是说,要视人的才能署其官职,否则,必会"结气增灾",贻害无穷。《太平经》知人善任的思想被后来著名的道教理论家葛洪所继承和发展。

减省刑罚是《太平经》涉及社会政治的一个重要思想。它说:

人有过莫善于治,而不陷于罪,乃可也;其次,人既陷罪也,心不欲深害之,乃可也;其次,人有过触死,事不可奈何,能不使及其家与比伍,乃可也;其次,罪过及家比伍也,愿指有罪者,慎毋尽灭煞人种类,乃可也。(卷四十)

人有过错,不要马上给人定罪;倘若有罪,也不应深害他;而对于犯死罪的人,则不要株连其邻里家属;就算必须株连,也要限于那些确实有罪的人,"慎毋尽灭煞人种类"。它归结起来,就是:"圣人治,常思太平,令刑格而不用也。"(卷四十)固然,我们可以指责《太平经》作者法制观念淡薄,但谁又能不为他那善良而富有人性的愿望所感动呢?

此外,《太平经》提出"事死不得过生"的主张,反对劳民伤财的厚葬恶俗;并提出"治国之道,乃以民为本也"的民本思想,更质问当政者"民气不上达,和气何得以兴?"很显然,以民为本,沟通民意是《太平经》所认为要达到"阴阳和顺,物富民安"的必要手段。

第二部分是公平无私。

《太平经》认为:"平者,乃言其治太平均,凡事悉理,无复奸私也。"(卷四十八)这就是说,处理事务要公平合理,没有奸邪偏私。不仅如此,《太平经》还追求财产上的平均主义,所以它反对残酷剥削,主张救穷周急:

天之有道,乐与人共之;地有德,乐与人同之;中和有财,乐以养人。(卷六十七)

财物乃天地中和所有,以共养人也。(卷六十七)

或积财亿万,不肯救穷周急,使人饥寒而死,罪不除也。(卷六十七)

在这里,经济财产被看作公共所有,它是用来养活大家的生命的,而不应该为少数人聚敛独占。倘有亿万富翁不肯周济穷人,使人饥寒而死,则这位丧尽天良的富翁罪不可赦。

毋庸置疑,这种公平无私的要求,是一种农民意识的典型反映,是一种善良的天真的幻想。然而,也正是这种农民意识,这种幻想,使《太平经》和道教与中国历代农民起义结下了不解之缘。

东晋时,孙恩、卢循起义,以五斗米道发动农民。

公元7世纪末,明教创立,尊张角为教祖,以《太平经》为经典依据之一。利用明教发动农民起义的计有:920年,后梁母乙;1120年,北宋方腊;1130年,南宋王念经。元代也不乏其例。

以后,明教演变成斋教,分别于明清两朝的1640年、1748年和1866年组织过规模不小的农民起义。

《太平经》对中国历史的影响似乎远远超出了作为道教典籍的应有范围。诚然,道教的教义如果只是停留在如《太平经》那样一些杂乱无章的内容上,就很难设想道教能成为中国极富影响的宗教团体。

东晋的葛洪虽对《太平经》大不以为然,甚至攻讦信奉《太平经》的太平道为邪教,可是他的道教思想名著《抱朴子》又不得不在《太平经》那里寻找营养。不过,《抱朴子》在《太平经》等教义和理论的基础上,建构起了完整系统的道教教义和哲学。

长生不老之术,也许可以当作道教的人生观,但说得准确些,是道教得以广引门徒的秘诀。在这方面,葛洪以及南朝陶弘景等人的论述更为精详。但是,作为道教理论家,葛、陶等人的科学研究被罩在了宗教神学的灵光之下。事实上,他们的目的压根儿不在发展医学科学上,却在于寻求他们自己也十分茫然的长生不死的"法术"。而《太平经》作为道教最早的经典,确定无疑地为他们提供了心灵启示和思想准备。《太平经》说:

天地之道所以能长且久者,以其守气而不绝也。故天专以气为吉凶也,万物之象,无气则终死也。子欲不终穷,宜与气为玄牝,象天为之,安得死也。(卷九十八)

《抱朴子》则写道:"人在气中,气在人中,自天地至于万物,无不须气以生者也",所以"善行气者,内以养身,外以却恶"。(《抱朴子·内篇》卷五)在此基础上,葛洪还进一步论述了房中、行气、导引、药饵等为后世道教视为必然的长生不老之术。很显然,这是《太平经》思想的发展、补充和系统化。

《太平经》的内容十分驳杂,有些观点是自相矛盾的,它可以指引农民揭竿造反,但也同样可以为统治者所利用。

《太平经》大力渲染尊卑贵贱的等级观念:

命贵不能为贱,命贱不能为贵。(卷七十一)

> 夫人者,乃理万物之长也。其无形委气之神人,职在理元气,大神人职在理天,真人职在理地,仙人职在理四时,大道人职在理五行,圣人职在理阴阳,贤人职在理文书……凡民职在理草木五谷,奴婢职在理财货。(卷四十二)

《太平经》在提倡公平无私的同时,又竭力维护私有制度:

> 非其有,不可强取;非其土地,不可强种,种之不生。(卷五十五)

《太平经》还致力于反对"犯上作乱"的行为:

> 小人无道多自轻,共作反逆,犯天文地理,起为盗贼相贼伤。犯王法,为君子重忧。(卷六十七)

所有这些,都成为后世的道士们将道教改造成为官方宗教的经典依据,也成为道教在专制政治下得以立足的"长生不死之术"。

至于《太平经》对唐宋以后民间道教的影响,则是有目共睹的。《太平经》首次记载的三四百个"符"——书中称为"复文"——经过加工改造后,成为后世道士们沟通神人的秘宝。这些装神弄鬼的道士们甚至极得意地说:"画符不知窍,反惹鬼神笑;画符若知窍,惊得鬼神叫。"民间道士看风水的习俗,大约也源自《太平经》,因为《太平经》在反对劳民伤财的厚葬时,又狡猾地提出了葬、宅应选择善地的神秘观点。而《太平经》中的天人感应、善恶报应学说,更是得到民间道教的广泛应用,诚如一位青年学者所言:

"中国俗文化中所渗透的,恰恰就是由仪式、方法中呈现的鬼神信仰,以及与之有关的'善有善报、恶有恶报'的宗教伦理。"从清顺治十三年(1656年)上谕刊行开始,一部宣扬善恶因果报应的《太上感应篇》几乎成为家喻户晓的伦理通俗读物。而这部书的思想渊源,我们确实可以追溯到《太平经》和《抱朴子》。

汤一介先生指出,道教"作为一种宗教虚构了一个神仙世界,告诉人们可以通过道德的修养,身心的修炼而得以成神成仙,在那超现实的世界里永远摆脱现实社会中的种种苦难。另一方面,它又有强烈地干预政治的愿望,说帝王可以通过'奉天地、顺五行'而'致太平',把天上的千年王国实现于现实社会中,又把现实社会变成理想的超现实世界,使现实世界和虚幻的神仙世界合二为一,而这两个方面的结合构成了中国道教的特色"。《太平经》正是这样一部为中国道教勾勒轮廓和描绘特色的巨典。

(王三山)

《抱朴子》 葛洪

道教,是中国文化土壤中生长出来的影响最大的宗教。东汉顺帝年间,于吉篡集《太平青领书》(《太平经》)170卷,标志着道教的创立。东汉后期,早期道教得到很大发展,分为三支在民间传播,一是张角的太平道,以《太平经》为主要经典,最后酿成黄巾大起义;二是张鲁的五斗米道,以《老子想尔注》阐其义旨,在汉中建立政权数十年;三是魏伯阳的金丹道,著有《周易参同契》,主张通过炼"内丹"和"外丹"达到长生久视。但这些著述,都尚未建立一套完整系统的道教教义与哲学。直至东晋葛洪著《抱朴子》,才熔各派教义与理论于一炉,建构起完整系统的道教教义与哲学,奠定了道教进一步发展的理论基础。葛洪其人与《抱朴子》其书,在道教史上占有十分重要的地位。

葛洪,字稚川,自号抱朴子,丹阳句容(今属江苏)人,生于公元283年(晋武帝太康四年),约卒于公元363年(东晋哀帝兴宁元年)。他出身于江南的士族家庭,家族中世代都有人做大官。在他13岁那年,父亲逝世,家道中衰,以至饥寒困瘁,躬执耕穑。少年葛洪在贫困中刻苦攻读,所涉之书,包括正经诸史、百家之言、短杂文章,有近万卷之多。但他最感兴趣的,不是儒家经籍与诸子著述,而是"神仙导养之法",于是从郑隐学炼丹秘术。当然,他也关心现实政治,曾参加镇压石冰领导的农民起义,因有军功而迁伏波将军,后又赐爵关中侯,食句容之邑 200 户,并补州主簿,转司徒掾,迁咨议参军。至晚岁,葛洪无意仕途,以年事渐老,欲炼丹求长寿,闻交趾出产丹砂,求为勾漏县令。他携子侄同行至广州,为刺史邓岳挽留,乃住罗浮山炼丹。在山积年,优游闲养,著述不辍,直至逝世。观其一生,葛洪可以说是一个相当复杂的人物。他兼有儒家入世的精神与道教出世的精神,而又认为"道者,儒之本也;儒者,道之末也"(《抱朴子内篇·明本》。下引该书,只注篇名),最后以宗教家为归宿。他的炼丹活动,其动因是出于宗教信仰的追求,而效果又推动了古代科学的发展。在中国宗教史和中国科技史上,他都是一个引人注目的大家。

葛洪学识渊博,著述甚多,流传至今的有《抱朴子》《神仙传》《肘后备急方》等。其中,《抱朴子》最为重要。该书分《内篇》与《外篇》两部分。《内篇》20 卷,《外篇》50 卷。《抱朴子外篇·自叙》说:"其《内篇》言神仙方药、鬼神变化、养生延年、禳邪却祸之事,属道家。其《外篇》言人间得失、世事臧否,属儒家。"《外篇》讲的是他的社会政治哲学,强调复兴儒学,重视才德,反对无君,大体是根据时代需要,综合传统儒家学说而成。《内篇》讲的是他的道教教义和哲学,通过吸取先秦以来的神仙思想,融合早期道家的各派理论,建构了一个完整系统的道教理论体系。因此,《抱朴子》中最有价值、最有影响的部分是《内篇》。这是中国道教发展史上的划时代的文献。

《抱朴子内篇》20卷分为20篇,每卷一篇,依次为:《畅玄》《论仙》《对俗》《金丹》《至理》《微旨》《塞难》《释滞》《道意》《明本》《仙药》《辨问》《极言》《勤求》《杂应》《黄白》《登涉》《地真》《遐览》《祛惑》。

在《抱朴子内篇》中,葛洪明确提出了道教的宗教目的:"夫神仙之法,所以与俗人不同者,正以不老不死为贵耳。"(《道意》)道教所追求的彼岸世界,是使人的肉体与人的精神都得以长存,继续过着人间的现实世界的生活。求长生,成神仙,是道教的主旨。

如何才能获得长生久视、不老不死呢?葛洪认为,这首先要认识、把握"玄""道"。《抱朴子内篇》的首篇即《畅玄》,对"玄"作了阐发,说:"玄者,自然之始祖,而万殊之大宗也。"所谓"玄",是一个深远高旷、微妙飘渺的超越世界。它首先是宇宙的本源,"胞胎元一,范铸两仪,吐呐大始,鼓冶亿类",创造了天地万物;它又是宇宙的动力,"箨策灵机,吹嘘四气""抑浊扬清,斟酌河渭",促成了万物的运动。整个世界,"乾以之高,坤以之卑,云以之行,雨以之施",都是"玄"所创造、所支配的。"玄"创造了、推动了天地万物,自己却"增之不溢,挹之不匮,与之不荣,夺之不瘁",是永恒的存在。这种"玄"又可称为"道"。《抱朴子内篇》有《道意》篇,对"道"作了新的解释:"道者,涵乾括坤,其本无名。论其无,则影响犹为有焉;论其有,则万物尚为无焉。""道"作为"太初之本",不同于万物,当是"无";但"道"又有实际的作用,"为声之声,为响之响,为形之形,为影之影",亦是"有"。这本来是难以称谓的,只好勉强叫做"道"。在《抱朴子内篇》中,又把"玄"与"道"并称为"玄道"。人们一旦认识、把握了"玄""道",也就获得了永恒:"其唯玄道,可与为永""得之者贵,不待黄钺之威;体之者富,不须难得之货""玄之所在,其乐不穷;玄之所去,器弊神逝"(《畅玄》)。这是获得长生久视、不老不死的根据。

葛洪认为,"玄""道"的本质属性是"一"。《抱朴子内篇》中的《地真》篇,对"一"作了专门的论述。所谓"一",就是《老子》所说的:"忽兮恍兮,其中有象;恍兮忽兮,其中有物。""道起于一""一"规定了"道"。因此,"天得一以清,地得一以宁,人得一以生,神得一以灵"。人把握了"一",就把握了"玄""道",也就把握了长生久视的关键:"子欲长生,守一当明。""守一"又分为"守真一"与"守玄一""守真一"是"思见身中诸神",以达到"思神守一,却恶卫身"。"守玄一"是通过"分形"与"内视""自见其身中之三魂七魄,而天灵地祇,皆可接见,山川之神,皆可使役""守一"实际上是一种调节人的精神以保持人体健康的内功,不过被葛洪涂上了一层宗教神秘色彩罢了。

当然,《抱朴子内篇》也没有完全把"守一"神秘化,而是把"守

"一"落实为内修与外炼。内修与外炼的内容,在《抱朴子内篇》中占了相当大的篇幅。

内修,即"内丹",是通过气功、节欲等方法来"养气",从而"因气以长气"(《极言》),最终达到长生久视,形神永存。在葛洪看来,天地万物乃至人,都是由"气"(又写为"炁")所构成的。"夫人在气中,气在人中,自天地至于万物,无不须气以生者也。"(《至理》)人是由父母授气流行而生的,气存则身存,气竭则身死。"苟能令正气不衰,形神相卫,莫能伤也。"(《极言》)只要注意"养气",就能使人的肉体和精神都得到保护,长久存在。"养气"首先指"行气""胎息"等气功。练气功,对于人的身心健康具有重要作用:"行炁或可以治百病,或可以入瘟疫,或可以禁蛇虎,或可以止疮血,或可以居水中,或可以行水上,或可以辟饥渴,或可以延年命。其大要者,胎息而已。得胎息者,能不以鼻口嘘吸,如在胞胎之中,则道成矣。"(《释滞》)"养气"还在于节制欲望,保持人的心灵的宁静:"人能淡默恬愉,不染不移,养其心以无欲,颐其神以粹素,扫涤诱慕,收之以正,除难求之思,遣害真之累,薄喜怒之邪,灭爱恶之端,则不请福而福来,不禳祸而祸去矣。何者,命在其中,不系于外;道存乎此,无俟于彼也。"(《道意》)相反,"无杜遏之检括,爱嗜好之摇夺,驰骋流遁,有迷无反,情感物而外起,智接事而旁溢,诱于可欲,而天理灭矣,惑乎见闻,而纯一迁矣。"(《道意》)根本就达不到"守一"的效果了。

外炼,即"外丹",是服用金丹等经过特别提炼制成的药物,从而"因血以益血(《极言》),最终达到长生久视,形神永存。葛洪十分重视外炼,说:"余考览养性之书,鸠集久视之方,曾所披涉篇卷以千计矣,莫不皆以还丹、金液为大要者焉。然则此二事,盖仙道之极也。服此而不仙,则古来无仙矣。"(《金丹》)这是因为:"夫金丹之为物,烧之愈久,变化愈妙。黄金入火,百炼不消,埋之,毕天不朽。服此二物,炼人身体,故能令人不老不死。""凡草木烧之即烬,而丹砂烧之成水银,积变又还成丹砂,其去凡草木亦远矣,故能令人长生。"(《金丹》)总之,"服神丹令人寿无穷已,与天地相毕,乘云驾龙,上下太清"(《金丹》)。除了金丹之外,葛洪对"草木之药"的延年益寿的作用也作了肯定。在《抱朴子内篇》的《仙药》篇中,就载录了不少"草木之药",如言:"南阳郦县山中有甘谷水,谷水所以甘者,谷上左右皆生甘菊,菊花堕其中,历世弥久,故水味为变。其临此谷中居民,皆不穿井,悉食甘谷水,食者无不老寿,高者百四五十岁,下者不失八九十,无夭年人,得此菊力也。"

葛洪认为,通过内修、外炼,人完全能掌握自己的生死命运,实现长生久视。他说:"人生各有所值,非彼昊苍所能匠成"(《塞难》);"人有明哲,能修彭老之道"(《对俗》);"夭寿之事,果不在天地;仙与不仙,决在所值也"(《塞难》)。他引《龟甲文》语宣称:"我命在我不在天",提出"天下悠悠,皆可长生"(《黄白》)。在他看来,"长生养性辟死者,亦未有不始于勤,而终成于久视也"(《地真》),

只要矢志不渝,刻苦修炼,就可以达到目的。因此,道教与道家不同,不是讲"无为",而是讲"有为"。也可以说,"道成之后,略无所为也;未成之间,无不为也"(《地真》)。

葛洪还认为,道教追求长生久视,并不是主张消极避世,而应当"先治世而后登仙"(《辨问》)。特别是"长才者",更当做到需道双修:"内宝养生之道,外则和光于世,治身而身长修,治国而国太平,以六经训俗士,以方术授知音,欲少留则且止而佐时,欲升腾则凌霄而轻举。"(《释滞》)因而在《抱朴子》中,他于《内篇》外又作《外篇》,所论社会政治哲学基本上承袭了儒学的传统。其中的《诘鲍》篇,记录了葛洪同鲍敬言环绕无君论的辩论。鲍敬言盛赞远古时没有君臣尊卑的美好,葛洪则认为从无君到有君是历史的进步,要想倒退回去是不可能的。鲍敬言其人其学今已难考,只是在《诘鲍》篇中保留了他的思想资料。

《抱朴子》对中国文化发展产生了多方面的深远影响。

《抱朴子内篇》成为中国道教的经典。它所建构的道教理论体系,奠定了以后中国道教发展的理论基础。葛洪之后,经过杨羲、寇谦之、陆修静、陶弘景的不断改革,道教在教义与哲学上趋于完备,由早期民间宗教而演变为得到统治者支持的在社会上下层都有广泛影响的宗教。追求长生不死、得道成仙,成为以后中国道教的主旨,并对文学、艺术乃至其他宗教都产生了影响。在唐代的诗歌中,就体现了道教对"生"的希望与追求。李白诗云:"尧舜之事不足惊,自余器器直可轻,巨鳌莫载三山去,我欲蓬莱顶上行。"万楚诗云:"忆记来时魂悄悄,想见仙山众峰小,今日长歌思不堪,君行为报三青鸟。"韦应物诗云:"众仙翼神母,羽盖随云起,上游玄极杳冥中,下看东海一杯水,海畔种桃经几时,千年开花千年子,玉颜眇眇何处寻,世上茫茫人自死。"佛教天台宗三祖慧思在《誓愿文》中称:"我今入山修习苦行……为护法故,求长寿……愿诸贤圣佐助我得好芝者及神丹,疗治众病饥渴……愿借外丹,力修内丹。"这里明显表现出佛道交融的倾向。

《抱朴子内篇》又成为中国科学技术史的重要文献。葛洪为了追求长生不死,重视内修外炼,以宗教的特殊形式对中国古代科学技术的发展起了重要的推动作用。他提倡内修,揭示了"养气"对人的身心健康、延年益寿的积极作用,丰富了中国古代的养身理论和气功理论。他致力的外炼,通过炼丹术而推动了中国古代化学的发展。《抱朴子内篇》中的《金丹》《黄白》两篇,记录了多种炼丹方法,如果除去其中神秘主义的色彩,可以看作是古代化学实验的宝贵记录。如《金丹》篇言:"丹砂烧之成水银,积变又还成丹砂。"丹砂即红色的硫化汞。把丹砂加以烧炼,其中所含的硫变成二氧化硫,分解出汞(水银);使汞与硫黄化合,便成黑色的硫化汞;将其放在密闭器内调节温度,又成红色的硫化汞。又如《黄白》篇言:"以曾青涂铁,铁赤色如铜。"曾青一名胆矾,即硫酸铜。用硫酸铜溶液涂铁,铁与铜发生置换反应,铁的表层附着了一层红色的铜。这些化学反应的正确表述，反映了葛洪通过总结前人和自己的炼丹经验，已积累了一定的化学知识。在外炼中，葛洪又十分重视记录、研究"草木之药"的作用，所著《肘后备急方》更是中国古代医药学名著。《中国科学技术史稿》指出："这是一部具有普及推广意义的实用方书，一直为后世所重。"[1]正是这样，著名科学史家李约瑟称葛洪为"中国历史上最伟大的炼丹家"[2]"最伟大的博物学家兼炼丹术士"[3]。

而《抱朴子内篇》中的那些神秘、荒诞的宗教内容，也受到后世科学家的理性批判。李时珍在《本草纲目》中就尖锐地驳斥了葛洪的服用"金丹""金液"可以长生不死之说，指出："葛洪《抱朴子》言：饵黄金不亚于金液。其法用豕负草肪、苦酒炼之百遍即柔，或以樗皮治之，或以牡荆酒、慈石消之为水，或以雄黄、雌黄合饵，皆能地仙。又言丹砂化为圣金，服之升仙……其说盖自秦皇汉武时方士传流而来。岂知血肉之躯，水谷为赖，可能堪此金石重坠之物久在肠胃乎？求生而丧生，可谓愚也矣！"（《本草纲目·金石部第八卷·金》）

（李维武）

---

[1] 杜石然等：《中国科学技术史稿》上册，科学出版社1982年版，第265页。

[2] 李约瑟：《中国科学技术史》第2卷，科学出版社、上海古籍出版社1990年版，第466页。

[3] 李约瑟：《中国科学技术史》第1卷，科学出版社、上海古籍出版社1990年版，第122页。

《坛经》 释慧能

佛教自两汉之际传入中国后,佛教典籍陆续翻译介绍到中国来。佛教典籍分为"经""律""论"三部分,称为"三藏"。其中,"经藏"是以佛祖释迦牟尼的口气叙述的典籍;"律藏"是约束佛教信徒言行的戒律;"论藏"是佛教学者从理论上解释佛经的著作。随着佛典释译介绍的增多,中国佛教学者对佛教义理的理解逐渐深入,并使之与中国传统文化相结合,开始自己撰述佛教著作,推进了佛教中国化的进程,丰富和发展了"三藏"的内容。到唐代,佛教已与中国本土文化融为一体,产生了中国化的佛教宗派和佛教哲学体系,出现了一大批由中国佛教学者撰述的佛教典籍。据统计,历史上中国佛教学者的汉文佛籍撰述有582部、4172卷(见吕澂《新编汉文大藏经目录》)。然而,在这些浩繁的中国汉文佛籍中,只有一部被称为"经"的,这就是由中国禅宗实际开创者、唐代著名佛教哲学家慧能所作的《坛经》。

禅宗是唐代重要佛教宗派之一,相传为南北朝时印度僧人菩提达摩来华所创。菩提达摩被尊为禅宗初祖。以后,经过二祖慧可、三祖僧璨、四祖道信、五祖弘忍,传至慧能,为六祖。然而,真正创立中国禅宗的却是六祖慧能。在中国佛教史和中国哲学史上,慧能可以算得上是一位传奇人物。

慧能,也叫惠能,生于公元636年(唐太宗贞观十年),卒于公元713年(唐玄宗先天二年)。慧能家居岭南,3岁丧父,家境贫寒,从小就跟随母亲上山砍柴,以卖柴为生。这种劳动生涯,使慧能不可能有机会念书。当他长成一个20来岁的青年小伙子时,还是一字不识。有一天,他在卖柴回家的途中,听到有人诵读《金刚经》,听后若有所悟。他问读经人是从哪里学来的,回答说是从禅宗五祖弘忍处学的。于是他就辞母离家,投奔佛门,来到弘忍讲法的蕲州黄梅(今湖北黄梅)冯墓山寺院,欲拜弘忍为师。弘忍初见慧能,看到慧能一身南方少数民族的打扮,于是劈面问道:"你是什么地方人,到我这里来干什么?"慧能回答说:"弟子是岭南人,到这里来是为了成佛。"弘忍又问:"你是岭南人,又是獦獠(唐代对南方少数民族的污蔑称呼),怎么能成佛呢?"慧能回答说:"人有南北之分,但佛性并无南北的区别。我獦獠身虽然与您这尊贵的和尚身不同,但您与我的佛性有什么区别呢?"慧能的回答,实际上提出了人人都有平等的佛性的根本主张。这一主张把佛性由彼岸世界拉回到此岸世界,由外在于人而置于人的生命中,深刻地反映了唐代中国佛教世俗化的历史趋势,鲜明地体现了中国文化的特点,因而深得弘忍的赏识。慧能就这样留了下来。但由于慧能初来,又不识字,只好先做行者,从事担水、舂米等杂役,在体力劳动之余,才能去听弘忍讲法。慧能这样度过了8个月。一天,弘忍召集全寺僧众,要每人写一偈(佛经中的唱词),谁写得最好,谁就被定为继承人。当时弘忍的弟子中,学业最佳、声望最高的是神秀。神秀也以当然继承人自居,作了一偈写在墙上。偈曰:

身是菩提树,心如明镜台,

时时勤拂拭,莫使有尘埃。

这里的"菩提""明镜"都是指佛性。这是说,人人都有佛性,但要觉悟佛性而成佛,还需要经过长期不懈的修炼。众僧看过此偈,赞美不已。唯独慧能昕了众僧传诵此偈后,不以为然,也作了一偈。由于他不识字,只好请人代写在神秀那首偈的旁边。偈曰:

菩提本无树,明镜亦非台,

佛性常清净,何处有尘埃?

在慧能看来,人们觉悟佛性而成佛,根本就不需要长期修行。弘忍看过这两首偈,对慧能的偈十分欣赏,认为这才真正领悟了禅宗的真精神,决定将慧能定为继承人。当天晚上,弘忍把慧能悄悄唤到自己房内,亲自给他讲授《金刚经》,并将代代相传的法衣(袈裟)传给慧能,作为嫡传的凭证。弘忍知道神秀一派会加害慧能,要他立即返回岭南,长期隐伏,以待时机。慧能连夜上路,躲过了神秀一派的多次谋害,到岭南后即混入劳动民众中,依旧靠体力劳动为生。16年后,弘忍已死,慧能觉得时机成熟,于是拿出法衣,以弘忍继承人的身份开始在广东曹溪宝林寺讲法。他在此间讲法 30 余年，影响越来越大。武则天、唐中宗曾慕名诏谕慧能入京，他都婉言谢绝。慧能曾应邀至韶州大梵寺为千余僧众讲法，讲法的内容由他的弟子法海集记整理成书，称为《坛经》。这是慧能的代表作。

《坛经》成书后，后人又对此著不断补充和修订，出现了各种版本。主要版本有四个：一是在敦煌发现的抄写本，全称《南宗顿教最上大乘摩诃般若波罗蜜经六祖惠能大师于韶州大梵寺施法坛经》，一卷，12000 余字；二是唐僧惠昕改编过的《六祖坛经》，二卷，约 14000 字；三是宋僧契嵩改编过的《六祖大师法宝坛经曹溪原本》，一卷十品，2 万多字；四是元僧宗宝改编过的《六祖大师法宝坛经》，一卷十品，24000 字。前后版本相比，字数扩充了一倍。现在的研究者都认为，敦煌抄写本《坛经》与法海原稿最为接近，因而最能体现慧能的思想。

慧能学派的出现和《坛经》的问世，是中国佛教史上的一次重大改革。这次改革的目的，在于使中国佛教哲学适应唐代佛教日趋世俗化的需要，使佛教哲学完全中国化。为此，慧能通过讲法，对佛教哲学进行了大刀阔斧的革新，摆脱了以往佛教的繁琐的修证过程和经论解释，而立足于人的"心""性"来讲佛性，立足于人的生活世界来讲彼岸世界，创立了一套以"心即真如""顿悟成佛""凡夫即佛"为主要内容的新的佛教哲学。《坛经》对慧能的思想创造作了系统的记述。

首先,《坛经》阐发了"心即真如"的佛性论。所谓"真如",也就是佛性。慧能在初见弘忍时,就提出了人人都有平等的佛性的思想,主张把佛性安置在人的生命中。他在《坛经》中进一步指出,佛性就是人的"自心"、"自性","菩提般若之知,世人本自有之";"一切万法,尽在自身中"(《坛经》敦煌本,下同)。因此,人们对佛性的追求,不是面对辽远的彼岸世界,而是直指自己的"心"、"性","于自心顿见真如本性"。"识心见性,自成佛道";"若识本心,即是解脱"。相反,离开"自心"、"自性",去修行,去念经,并不具有成佛的大根器。他说:"一切众生,自有迷心,外修觅佛,未悟本性,即是小根人。"总之,"迷人念佛生彼,悟者自净其心";"我心自有佛,自佛是真佛;自若无佛心,向何处求佛"。

其次,《坛经》提出了"顿悟成佛"的方法论。人们要怎样才能自我觉悟、了彻自心、发现心中的真如、达到成佛的目的呢？对这个问题的回答,可以说是慧能学派与其他佛教宗派的分水岭。神秀与慧能所作的偈,就表现了他们在这个问题上的严重分歧。《坛经》进一步对这个问题作了理论上的说明,认为认识自心的真如,不是一般的认识方法所能实现的,而必须采用特殊的认识方法。一般的认识方法,依靠人们正常的感觉经验和理性思维,其作用是相对的、有限的,只能认识普通的事物,而不能获得佛性。要获得佛性,就必须采用"顿悟"这种直觉方法,即通过"大悟,顿见真如本性"。《坛经》强调,"迷来经累劫,悟则刹那间""前念迷即凡,后念悟即佛""不悟,即是佛是众生;一念若悟,即众生是佛"。只要通过顿悟,就可以进入心灵澄明、豁然贯通的境界,在刹那间破除长期积累的谬误、愚昧,一下子把握住真如,获得全部真理,实现成佛的目的。因此,"一悟即知佛"。在这里,成佛不再需要经过长期刻苦修行,也不再需要研究佛经教义,而只要在刹那间即可迅速简易地实现。《坛经》还认为,这种由顿悟所领会、所把握的真理,既不能靠正常的认识活动获得,也不可能用日常语言来表达,只能用诗、用直觉来传授。因而,"本性自有般若之智,自有智惠观照,不假文字"。

最后,《坛经》导出了"凡夫即佛"的宗教结论。根据"心即真如"的佛性论和"顿悟成佛"的方法论,慧能把现实世界与彼岸世界的距离极大地缩短了,把由现实世界进入彼岸世界的方法也极大地简化了,在佛与众生之间,只有"一念之差"。人们只要通过顿悟,发现"自心""自性"的佛性,即可克服、跨越这"一念之差",由众生而成佛。而这种顿悟,不需要通过坐禅、念经,在人们的当下行为和日常生活中即可实现。"若欲见真道,行正即是道""于一切时中,行、住、坐、卧,常行直心是"。这样一来,成佛不仅是众生凡夫都能做到的,而且也只有通过众生凡夫才能实现。因此,《坛经》提出,"佛在众生中""离众生无佛心""但识众生,即能见佛;若不识众生,觅佛万劫不得见也"。

《坛经》的这一套新的佛教哲学,以极其简洁明快的方式,确立了新的成佛途径。按照这种方式,广大民众不须修行,不必读经,只要在当下行为和日常生活中克服"一念之差",即可得道成佛。这无疑强化了佛教的吸引力。正是这样,慧能学派获得了众多的拥护者,成为唐代中期以后最有生命力和影响力的佛教宗派。人们至今还在用的"放下屠刀,立地成佛"这句成语,便典型地反映了《坛经》精神在民众中的深刻影响。

当慧能在南方讲法、扩大影响时,神秀也在北方传教,活跃一时。这样就产生了禅宗的南宗与北宗的对立。慧能死后,他的弟子神会等人对他的思想大力鼓吹,南宗影响遍及全国,历久不衰,终于战胜了神秀一派,慧能被尊为禅宗六祖,南宗成为禅宗正宗。于是《坛经》也被称为《六祖坛经》。

慧能、神会之后,禅宗进一步发展,形成南岳、青原两大系,演化为沩仰、临济、曹洞、云门、法眼五宗。这些禅宗派别被称为后期禅宗。后期禅宗承继、发挥了《坛经》的基本思想,并将其推向极端。后期禅宗将佛性进一步泛化,主张:"语默动静,一切声色,尽是佛事。"(《古尊宿语录》卷三)甚至"屙屎、送尿、着衣、吃饭"也是"佛法"(《古尊宿语录》卷四)。在后期禅宗看来,佛教的教义经论只不过是"粗言""死语""戏论之粪"(《古尊宿语录》卷二),根本不能教人成佛。因此,必须"逢佛杀佛,逢祖杀祖",只有这样,"始得解脱"(《古尊宿语录》卷四)。人们要表示真理,也不能依靠语言文字,而是用比喻、用隐语、用拳打脚踢的动作。在这个基础上,后期禅宗把佛与众生之间的"一念之差"也干脆取消了,强调"担水砍柴,无非妙道"(《景德传灯录》卷八),认为世俗活动亦即佛性境界,即使"披枷带锁",也是"自由人"。后期禅宗的这些思想,进一步推进了中国佛教的世俗化,既扩大了佛教在广大民众中的影响,又形成了佛教文化向世俗文化蜕变的契机。既然佛性可以存在于一切日常生活中,人人都有佛性、能够成佛,佛教的仪轨经论都在摒弃之列,那么佛教的宗教神秘性、神圣性就大大削弱了,佛教文化的许多内容成为中国人世俗生活的一部分。宋代以后,曾在两晋南北朝隋唐时代盛极一时的中国佛教,开始趋于衰微。

佛教虽在宋代之后渐衰,但它的有生命力的内容却长久地积淀在中华民族的文化创造中,成为中国文化传统的重要有机构成。特别是以《坛经》为代表的禅宗思想,对后世中国文化的发展产生了深远的多方面的影响。

从中国古代哲学发展看,《坛经》所高扬的"直指人心,见性成佛"的思想,标志着中国古代心性之学的重新崛起,上直承孟子,下开启宋明哲学。在宋明哲学中,程朱一派虽强调以"理"为本,但同时也讲"心"的作用,如朱熹就强调"心包万理,万理具于一心"(《朱子语类》卷九);陆王一派则进一步把本体之"理"归结为主体之"心",主张"心即理"(陆九渊《与李宰》),而"心外无理"(王守仁《与王纯甫》),认为人们要认识"理",不在于向外部世界探求,而在于"切己自反,改过迁善"(陆九渊《语录上》),"从自己心上体认"(王守仁《传习录上》)。可以说,禅宗哲学思想是陆王心学的重要思想来源。

《坛经》所体现的反传统的革新精神,在以后特定的历史条件下,对不少进步思想家产生了积极的启发作用。明清之际的异端思想家李贽、近代的资产阶级维新派思想家谭嗣同,都曾吸取禅宗的思想资料,熔铸出批判传统、进行启蒙的思想武器。李贽倡"童心",反对"咸以孔子之是非为是非";谭嗣同主"心力",要求"冲决网罗"。这些对思想解放的倡导,从思想渊源上看,都留有禅宗的反传统的革新精神的印痕。

以《坛经》为代表的禅宗思想,强调心灵的觉解和领悟的直觉,对于中国古代文学艺术的发展产生了深远的影响。在禅宗思想的影响下,唐宋以降的诗人画家,在自己的创作中往往通过对山水草木等自然景观的描绘,呈现出心灵的跃动与精神的追求,真可谓"书画之妙,当以神会"(沈括《梦溪笔谈》),"一点尘动,是心所现"(沈颢《画麈·笔墨》)。他们把直观、领悟作为一种真正体现了审美情趣的创作境界和创作方法,在文学艺术创造中重视对自然的体验、意境的追求、灵感的妙悟、凝练含蓄的表达,出现了"禅诗""禅画"之说。这种新的艺术精神,规定了唐宋以来诗、画风格及表现方式的发展方向。

(李维武)

《周濂溪集》 周敦颐

周敦颐(公元1017–1073年),字茂叔,原名惇实,后避英宗讳改,道州营道(今湖南道县)人,晚年居庐山莲花峰下自筑的濂溪书堂,世称濂溪先生。其学被称为"濂学",其人被尊为宋代理学的开山,在宋代理学的兴起与形成过程中占有十分重要的历史地位。

宋仁宗庆历元年,周敦颐以舅父龙图学士郑向得享荫恩(时年24岁),出任洪州分宁县主簿。庆历三年,以范仲淹、富弼、欧阳修、杜衍等人为代表的庆历新政得以推行,一系列廓清吏治、选贤任能、兴办学校的改革措施陆续颁布实施。改革派那种"居庙堂之高则忧其民,处江湖之远则忧其君"的忧患意识,"先天下之忧而忧,后天下之乐而乐"的民本思想和献身精神,以及他们那种针砭时弊、兴利除害的敢想敢做的作风,打破了因循守旧、苟且偷安的沉闷空气,解放了士大夫阶层的思想,造成了学术上百家争鸣的新气象。年轻的周敦颐尽管职位卑微,也深受庆历新政变革之风的熏陶,在职事上勤勉不已,学问追求上孜孜不倦。按照庆历新政推出的裁减荫补的政策,周敦颐本应受到冲击,但由于他出色的决狱才能,仍然得以正常通过课考,于庆历四年磨勘转官为南安军司理参军。庆历五年,新政失败,庆历兴学的浪潮开始减退,而周敦颐兴学的劲头却有增无减。庆历六年冬,他在移郴州县令后,"首修学校以教人"(《年谱》)。仁宗嘉祐元年署合州判官事后,更加热心讲学活动,汲汲于传道授业,"士之从学者甚众"(《年谱》)。英宗治平四年秋摄邵州事,第二年便在邵州兴建州学。周敦颐兴办学校,决非出自一时冲动,他在《易通·师》中说:"师道立则善人多,善人多则朝廷正而天下治矣。"他把培养人才,看作是吏治清明、天下安宁的重要因素。在学问追求上,周敦颐也深受庆历新政一大批思想家论道之风的影响。至而立之年,周敦颐在论道方面已有相当功力。周敦颐论道的主要内容大抵涉及性与命、性与道、道与德等范畴之间的逻辑关系,这与庆历新政学术风尚的影响是分不开的。

嘉祐五年六月,周敦颐自合州解签判职事还京师。嘉祐六年才迁国子博士,通判虔州(时年45岁),在京待遣时间长达半年有余。神宗熙宁元年,经吕公著、赵抃等人极力推荐,周敦颐由知郴州摄郡州事,擢授广南东路转运判官,时年52岁。熙宁二年二月,王安石的变法主张终于得到神宗皇帝的支持而拜参知政事,陆续推行农田水利、青苗、均输、保甲、免役、市易、保马、方田诸法。周敦颐于次年即转虞部郎中,擢提点广南东路刑狱。他以满腔热情称颂新法,说"上方兴起数百年无有难能之事,将图太平"(据蒲宗孟《墓谒》),并以奋不顾身的精神积极推行新法。周敦颐在推行新法中终因过分劳累而身染重疾,自此以后,身体日衰,熙宁四年四月,不得已才"以疾求知南康军"。至年底,又不得不上南康印,退居莲花峰下的濂溪书堂,在与疾病搏斗一年半之后,终于与世长辞。

周敦颐为官一贯清正廉洁,秉公执法,遇事果敢,政绩显著。其为人不谄上,不傲下,不求显名,志清而学博,欲寡而行敏。他的政治生涯与北宋中期的两次政治改革是密不可分的。如果说周敦颐在庆历新政时期初步确立了他的政治态度和学术走向,在熙宁变法时期才得到充分施展自己的政治抱负的机遇,并为此献出了宝贵生命,那么对于他的学术思想的形成与完善,对于宋代理学兴起的历史条件及其合理性,理应作出一个全新的认识。

《周濂溪集》是明朝人汇编的周敦颐的著作以及后人有关周式生平事迹的记载和评论,又称为《周元公集》《周子全书》。其中学术性的著作有《太极图》《太极图说》(即《易说》)《通书》(即《易通》)。另外还有说《易》之作,如《姤说》《同人说》等,早已亡佚。他从"文以载道"的精神出发,使用文辞惜墨如金,反复汰炼,一再删改多余的文辞,因此他的学术著作虽说有三种,亦不过一图与二千八百余言(《太极图说》只有 264 个字,《易通》也仅 2601 个字)而已。他用这样短的篇幅,建构了一个包括宇宙论(自然哲学)、人性论(伦理哲学)、政治论(含法哲学在内的政治哲学)三位一体的思想体系。由于文辞简约,义蕴丰博,南宋以后诸儒对其文争议甚多。笔者仅依管见对周氏的思想体系简要介绍如下:

其一,"无极而太极"的宇宙衍化论。

周敦颐绘制的《太极图》由五个分图组合而成,《太极图说》则是有关这个图形内在逻辑结构的解说词。周敦颐认为:无象无形的太极是整个宇宙的源起。它能动能静,动时分解出阳气,静时分解出阴气。动静互根,阴阳变合,于是而产生出水、火、木、金、土五行。阴阳交感,五行流布,四时运行,万物化生。万物之中,惟人得阴阳五行之精秀,妙合而凝,形生神发,五性感动而分善恶,出万事。由太极而生阴阳,而生五行,而生万物,而生人类社会,这个衍生过程,北宋初中期的一些思想家,如刘牧、李觏等人,大都是依循这个路线立论的。后人对周敦颐这一思想争议最大的莫过于对"无极而太极"一句话的理解。刘牧认为太极"无数无象""两仪之气混而为一"(《易数钩隐图》卷上);李觏亦认为太极"其气虽兆,然比天地之有容体可见,则是无也",他还以"太极"与老子的"道"或"无极"相比照,认为二者之间实无多大差别,"如老子之言,恍惚中有物有象,不可一见有字,便指为实物实象也"(《删定易图序论》论三,《李觏集》)。周敦颐既然对"无极"未作特定界说,当然取义于时人成说,因此"无极而太极"之义,应为"无极即是太极",不当理解为由"无极"生出一个"太极"来。《太极图》与《太极图说》是周敦颐的早期著作,汲取前人的多,自己创造的少,他能以一图和不足300字一篇的《易说》将前人阐发的义蕴丰厚的宇宙衍化论概括于中,已足见其文字功力之深厚和概括能力之非同凡响。当然,就他的思想体系来说,这一图一说已经涉及到一些基本的哲学命题,奠定了"濂学"的大致的逻辑结构。在他后期著作《易通》中,周敦颐继承庆历新政思想家们开创的《易》《庸》会通之学,以《中庸》提倡的"诚"为"濂学"思想体系的最高范畴,用以取代了"太极"的地位,因此他对"诚"的规定远比"太极"具体而鲜明。他认为,"诚"是万物性命之本源,天道"以阳生万物,以阴成万物",故乾元之动,万物得以始生。又天道变化,使"万一各正,小大有定",千差万别的事物的通达发展与复归,亦是"诚"的作用。"诚"与"神"是体与用的关系。"诚"是寂然不动之体,"神"是"感而遂通"之用。"至诚"之先,"诚"是静止的,说的是太极的本原状态;"至诚"之后,是"神"的发动,即所谓"至诚则动,动则变,变则化",说的是太极的衍化状态。"至诚"无疑是"神"发动的关节点,而"至诚"之先如何能在"寂然不动"的状态下实现由"诚"到"至诚"的推进,周敦颐在这里为后人留下了一个理论空间。他又认为,在"至诚"之后的阶段,事物的动与静是绝然不同的,认为具体事物"动而无静,静而无动",故物不能自通,而"神"的动静才不是绝然对立的,"动而无动,静而无静,非不动不静也",故"神妙万物"。只有在"至诚"之先的境界中,诚与神才能体用合一;"至诚"之后,神对万物完全是一种外在的力量,从而导致神与万物体用相分的形而上学外因说。"至诚"之先的"诚",不仅是宇宙万物的本源,也是整个世界的本质。无为主静、纯粹至善,正是这种本质的体现。由于人道与天道相应,故"诚"又是"五常之本,五行之源",是社会伦理道德的最高准则。由此,我们进入到周敦颐思想体系的人性论与伦理哲学部分(本文中引文凡出自《易通》者,一律不注出处)。

其二,五品人性论与五常伦理观。

周敦颐将人性分为五品:刚善、刚恶、柔善、柔恶、中。"刚善、刚恶,柔亦如之,中焉止也。""惟中也者,和也,中节也,天下之达道也,圣人之事。"周敦颐的人性论与李觏甚有渊源。李觏首先破除了对孟子性善论的迷信,肯定了韩愈的性三品说。周敦颐的人性五品说,实质上可以归结为善、恶、中三品。他的"中"当然不是韩愈的善恶相混的"中",而是指人性的一种最佳状态。他的人性论思想的可贵之处在于,主张"圣贤非性生,必养心而至之"。他根据《中庸》的理论,提出圣人与贤人的区分在于:"性焉安焉之谓圣,复焉执焉之谓贤。"圣人本性与诚相通,而贤人则须经过反复学习与固执不舍方能达到诚的境界。他提出"圣可学",途径是寡欲,"寡欲以至于无,则诚立明通。诚立,贤也;明通,圣也"。反复学习的具体内容是以"五常"律己修身。他说:"诚,无为。几,善恶。德:爱曰仁,宜曰义,理曰礼,通曰智,守曰信。"将天道("诚")、人性("几")、伦常("德")建构成一个整体,人性的最佳状态,道德的最高准则,都是与天道之诚相吻合的。五常是维护封建秩序的重要精神支柱。庆历新政的思想家们针对当时的腐败现象,提出要重整伦理纲常、道德名教,周敦颐亦相继提出:"治天下有本,身之谓也;治天下有则,家之谓也。本必端,端本诚心而已矣;则必善,善则和亲而已矣。""是治天下观于家,治家观身而已矣。身端,心诚之谓也。"这些言论,深受后世理学家们的重视,成为维护封建社会秩序的理论武器。

其三,"化治天下"的变革思想。

庆历新政失败以后,长期困扰着周敦颐的问题无外乎如何总结这次改革的经验教训,提出新的改革措施和实施方法。他认为北宋初期以来的腐败状况尽管"极重不可反",但"识其重而极反之,可也"。自然,这需要审时度势,蓄聚力量。"天下,势而已矣。势,轻重也。"改变轻重态势,依靠政治力量对比的变化,改革者必须清醒地意识到这一点。"识不早,力不易也。力而不竞,天也;不识不力,人也。天乎?人也。何尤!"改变力量对比的关键在于"公"与"明"。"公于己者公于人,未有不公于己而能公于人也。明不至则疑生,明无疑也。谓能疑为明,何啻千里。"变法要出以公心,要严于律己,对己公才能对人公。周敦颐的改革思想主要表现在"化"与"治"两个方面。"化",指复用"乐声淡""乐辞善"的古乐,以变纵欲淫乱之新乐,"宣八风之气""平天下之情",移易天下之风俗;提倡尊师重教,大兴学校,以"先觉觉后觉,暗者求于明",使民众摆脱愚昧,朝廷亦多善人执政,确保吏治清明。"治",指恢复古礼,使君臣父子兄弟夫妇万物"各得其理然后和";提倡以刑辅政,人性有刚恶柔恶之品,伦常有不仁不义之徒,"民之盛也,欲动情胜,利害相攻不止,则贼灭无伦焉,故得刑以治"。政与刑,以政为主,以刑为辅,"圣人之法天,以政养万民,肃之以刑",故刑不可滥用,一定要慎之又慎。

周敦颐开创的"濂学",以"诚"为最高范畴,以《易》《庸》相通为特征。"濂学"是对北宋初期古文运动,特别是中期庆历新政的思想总结,奠定了流行于宋明两代的理学的基本框架,具有鲜明的以完善封建制度与伦理建设为目的的改革色彩,适应了中国封建社会走向成熟期的理论需要。周敦颐后期思想虽然接受了佛道的某些影响,但在他的思想体系中不占明显的地位。因此,从道统的意义上说,周敦颐的"濂学"基本上属于纯正的儒学,把援佛道入儒作为"濂学"的一大特征,理由是不充分的。

(萧汉明)

《二程全书》 程颢、程颐

宋代理学的兴起和发展,造就了一大批富有创造精神的杰出哲学家,形成了中国哲学史上的一个群星灿烂的时代。其中,北宋的程颢、程颐兄弟对理学的开启和形成贡献尤大。后人把他们与南宋的朱熹并提,作为宋代理学的最主要的代表人物,称宋代理学为"程朱理学"。

程颢与程颐是同胞兄弟,兄程颢,字伯淳,生于公元1032年(宋仁宗明道元年),卒于公元1085年(宋神宗元丰八年),后人称明道先生,俗称大程;弟程颐,字正叔,生于公元1033年(宋仁宗明道二年),卒于公元1107年(宋徽宗大观元年),后人称伊川先生,俗称小程。人们常把他们合称为"二程"。

二程是洛阳(今属河南)人,少年时曾受业于著名哲学家周敦颐,青年时博览群书,涉猎儒、道、释三家之言,成为当时的大学问家。他们长期在洛阳讲学,四方之士从游者日众,其学派被称为"洛学"。"洛学"中有不少著名学者,如杨时、谢良佐、游酢、吕大临、尹焞等,由于他们的再阐释再创造,其学脉经久不衰。二程在学理上基本一致,在感情上更为密切,但二人的性格和气质却大不一样,对待学生的态度亦各有特点。程颢具有诗人的气质,为人温厚、乐观、从容、洒脱。他的一位老学生回忆说:"从先生三十年,未尝见其忿厉之容。"程颐是位严谨的学者,为人严肃、严厉、认真、执著。一大雪天,游酢、杨时去拜访程颐,见老师正端坐闭目沉思,只好恭立门外,不敢上前打扰。二人站立很久,程颐才说:"二子犹在此乎?日暮矣,姑就舍。"当二人告退时,门外雪深尺余。这就是有名的"程门立雪"的故事,成为中国古代尊师问学的佳话。

二程在仕途上则显得相当坎坷。程颢青年时即中进士,初任地方小官,颇有政绩,后进京任监察御史里行,由于与王安石就改革问题发生意见分歧,又被调离京师做地方官。宋神宗逝世后,旧党重新执政,程颢又得以起用,召回朝廷任宗正寺丞,但未及赴任,即因疾辞世。程颐没有考中进士,对科举持批判态度,对做官也不感兴趣。直到宋神宗死后,由于旧党举荐,程颐方以布衣受诏,任崇政殿说书之职,做年幼的宋哲宗的老师。他对小皇帝训导严厉,常常引起小皇帝的不高兴。他在讲课时往往议论褒贬,无所顾忌,受到不少人的反对,特别是受到以苏轼为首的蜀党的攻击。不久,程颐被罢说书职,调回洛阳管西京国子监。宋哲宗亲政后,又想进行改革,尽黜旧党,并斥为"奸党",程颐亦受牵连,被削职为民,贬至涪州,交地方官管制。后虽赦免回洛阳,但党禁仍在,以致他病逝后,许多门人弟子不敢送葬,只有尹焞等四人参加葬礼。

对于学者来说,仕途不顺未必就是坏事,这反倒使他们能有更多的精力致力学术,有更深的体验来领悟宇宙人生。程颐的大部头专著《周易程氏传》,就是他在涪州受管制时完成的。二程虽一生坎坷,但"洛学"终成宋明时期的显学。

二程死后,他们的著作由弟子及后学整理刊行,主要有《河南程氏遗书》《河南程氏外书》《河南程氏文集》《河南程氏经说》《周易程氏传》《河南程氏粹言》6种。《遗书》共25卷,是二程的弟子们记录的二程语录,后来由朱熹加以综合编定。《外书》共12卷,是《遗书》的补编或续编。据朱熹说,其所以称《外书》,是因为材料的来源比较杂,材料的可靠性也比较差。《文集》共12卷,是二程的诗文杂著。《经说》共8卷,是二程对《易》《书》《诗》《春秋》《礼记》《论语》《孟子》《中庸》等儒家经典的解说和发挥。以上四种书,在宋代均有单行本,也曾合在一起刊行,称《程氏四书》。《易传》共4卷,是程颐对《易经》的注释。《粹言》共2卷,是杨时用书面的语言对二程语录所作的转述,后经张栻重新编定而行世。这两种书,在宋元时也单独刊行。至明清时期,人们才把二程的六种书合并刊行,称《二程全书》。1980年,中华书局将《二程全书》重新校勘,改称《二程集》出版。《二程全书》是研究二程哲学思想的基本资料,从不同方面展示了二程哲学思想的特点与风貌。

二程哲学的中心范畴是"理"。"理"又称为"天理"。程颢即言:"吾学虽有所受,天理二字却是自家体贴出来。"(《外书》卷十二)

在二程看来,"理"是本体,具有多方面的意义。第一,"理"是最高的存在:"理则天下只是一个理,故推至四海而准,须是质诸天地、考诸三王不易之理。故敬则只是敬此者也,仁是仁此者也,信是信此者也。"(《遗书》卷二上)第二,"理"是客观的、自然的存在:"惟理为实。"(《粹言》卷一)"天理云者,这一个道理,更有甚穷已?不为尧存,不为桀亡。人得之者,故大行不加,穷居不损。这上头来,更怎生说得存亡加减?"(《遗书》卷二上)"莫之为而为,莫之致而致,便是天理。"(《遗书》卷十八)第三,天地万物都是"理"的体现:"实有是理,故实有是物;实有是物,故实有是用"(《经说》卷八);"万物皆只是一个天理"(《遗书》卷二上);"天地之间,万物之理,无有不同"(《经说》卷一)。第四,"理"体现在天地万物中,表现为天地万物的准则:"万物皆有理,顺之则易,逆之则难,各循其理,何劳于己力哉?"(《遗书》卷十一)"理有消衰,有息长,有盈满,有虚损,顺之则吉,逆之则凶,君子随时敦尚,所以事天也。"(《易传》卷二)第五,"理"不能离"气""物"而独立存在:"道者,一阴一阳也。动静无端,阴阳无始"(《经说》卷一);"道之外无物,物之外无道,是天地之间无适而非道也"(《遗书》卷四);"形而上者,存于洒扫应对之间,理无大小故也"(《粹言》卷一)。这一特点,用程颐的话说,即"体用一源,显微无间"(《易传序》)。

二程很关心自然世界,提出"物理最好玩"(《遗书》卷二上),认为世界万物、天地山河、飞潜动植都是"气化"的结果:"有形总是气"(《遗书》卷六);"万物之始,皆气化;既形,然后以形相禅,有形化;形化长,则气化渐消"(《遗书》卷五);"陨石无种,种于气。麟亦无种,亦气化。厥初生民亦如是。至如海滨露出沙滩,便有百虫禽兽草木无种而生,此犹是人所见。若海中岛屿稍大,人不及者,安知其无种之人不生于其间?若已有人类,则必无气化之人。"(《遗书》卷十五)这种"气化"论,固然带有很大的猜测成分,但却有力地排斥了神创论。由此出发,二程对一些自然现象作出了近乎科学的解释。例如,论天地关系,指出"今所谓地者,特于天中一物尔。如云气之聚,以其久而不散也,故为对。凡地动者,只是气动。"(《遗书》卷二下)又如,论雷电产生,指出:"电者,阴阳相轧;雷者,阴阳相击也。轧者如石相磨而火光出者,电便有雷击者是一也。"(《遗书》卷二下)对于鬼神迷信,二程坚决加以反对,认为:"好谈鬼神者,皆所未曾闻见,皆是见说,烛理不明,便传以为信也。假使实所闻见,亦未足信,或是心病,或是目病。"(《遗书》卷二下)

二程更关心人的生活世界。程颢死后,程颐作《明道先生行状》,称:"先生为学……明于庶物,察于人伦。知尽性至命,必本于孝悌;穷神知化,由通于礼乐。"(《文集》卷十一)以后又说:"我昔状明道先生之行,我之道盖与明道同。异时欲知我者,求之于此文可也。"(《文集》目录)这表明,二程都强调把尽性、至命、穷神、知化等性与天道的形上问题与具体的现实生活的伦理道德修养统一起来,打成一片。在二程看来,一方面,伦理道德是"理"的体现,"天下善恶皆天理"(《遗书》卷二上),"父子君臣,天下之定理,无所逃于天地之间"(《遗书》卷五);另一方面,只有通过伦理道德的践履,才能真正认识、把握"理","即父子而父子在所亲,即君臣而君臣在所严,以至为夫妇、为长幼、为朋友,无所为而非道"(《遗书》卷四);"为君尽君道,为臣尽臣道,过此则无理"(《遗书》卷五)。有人问程颢:"如何是道?"程颢答曰:"于君臣父子兄弟朋友夫妇上求。"(《外书》卷十二)程颐也说:"安有知人道而不知天道者乎?道一也,岂人道自是人道,天道自是天道?"(《遗书》卷十八)这样一来,既把"理"还原为伦理道德,又把伦理道德本体化,从而使人们能在自己的日常生活实践中认识、把握到作为本体的"理"。由此出发,二程对佛教的出家出世说进行了抨击,认为那种逃离现实的生活世界去追求虚幻的理想世界的做法,是断不可取和断难实行的。"今之学禅者,平居高谈性命之际,至于世事,往往直有都不晓者,此只是实无所得也。"(《遗书》卷十八)

但是,程颢与程颐在对"理"的理解上也有分歧。程颢对"理"的理解,突出了形上与形下相融合的一面,认为:"形而上为道,形而下为器,须着如此说。器亦道,道亦器,但得道在,不系今与后、己与人。"(《遗书》卷一,此语在《二程全书》中并未注明是程颢语还是程颐语,今据冯友兰先生考证作程颢语。)"洒扫应对便是形而上者,理无大小故也。"(《遗书》卷十三)程颐对"理"的理解,则突出了形上与形下相区别的一面，指出："'一阴一阳之谓道'，道非阴阳也，所以一阴一阳道也。"（《遗书》卷三）"离了阴阳更无道，所以阴阳者是道也。阴阳，气也。气是形而下者，道是形而上者。形而上者则是密也。"（《遗书》卷十五）"凡物有本末，不可分本末为两段事。洒扫应对是其然，必有所以然。"（《遗书》卷十五）在程颢看来，形上与形下是融为一体的，"道"与"器"无须加以区分，即使是洒扫应对这般日常生活也都是形上之"理"。在程颐看来，形上与形下尽管密切地联在一起，但仍然有其区别，存在着"气"与"道"、"阴阳"与"所以阴阳"、"其然"与"所以然"的不同，不能说"阴阳"就是"道"，洒扫应对就是"理"。

由对"理"的理解的分歧，二程在"理"与"心""性"的关系上看法也不尽相同。程颢从消解形上与形下的区分出发，认为"理"包括了"心""性"等主体性内容，不是一种离开主体而存在的本体。他说："只心便是天""知性便知天"（《遗书》卷二上）[1]。这里的"天"，即"天理"。通过人的"心""性"，也就可以显现、认识、把握"理"。他为此作《识仁篇》，提出"学者须先识仁"（《遗书》卷二上）。程颐则从坚持形上与形下的区分出发，认为"理"不包括"心""性"等主体性的内容，这些内容尽管很重要，但毕竟纳入不了形上之"理"。他说："天有是理，圣人循而行之，所谓道也。圣人本天，释氏本心。"（《遗书》卷二十一下）因此，要认识、把握"理"，须下一番

---

[1] 此语在《二程全书》中并未注明是程颢语还是程颐语，今据庞万里《二程哲学体系》一书考辨作程颢语。

"格物穷理"的功夫。

这样一来,程颢讲"理",具有一种能动的主体意识,表现出一种生命流行的主动性。他说:"万物之生意最可观"(《遗书》卷十一);"生生之用则神也"(《遗书》卷十一);"天位乎上,地位乎下,人位乎中,无人则无以见天地"(《遗书》卷十一)。程颐讲"理",则强调"理"作为最高存在的超越性,强调人对于"理"的追求。他说:"士之于学也,犹农夫之耕。农夫不耕则无所食,无所食则不得生。士之于学也,其可一日舍哉?"(《遗书》卷十八)在他看来,人不追求"理","正如扶醉人,东边扶起却倒向西边,西边扶起却倒向东边,终不能得它卓立中途"(《遗书》卷十八)。

二程的著作与思想,对北宋以后的中国文化发展产生了很大影响,特别是在宋明哲学史上占有相当重要的地位。

冯友兰说"宋明道学之确定成立,则当断自程氏兄弟。"①二程所提出、所阐发的中心范畴——"理",奠定了以后宋明哲学发展的基石,开启了一个伟大的哲学运动。这个哲学运动的目的,在于建构中华民族价值观念的本体论基础。他们关于"理"的思考,实际上探讨了人之何以为人、社会之何以为社会的大问题。他们对"理"的本体意义的强调,以及对于"理"的主体性与超越性的揭示,都有合理的内核与积极的意义。但他们在把伦理道德本体化时,又主张为了维护封建伦理纲常,而牺牲人的合理的利益和要

---

①冯友兰:《中国哲学史》,中华书局1961年版,第868页。

求。程颐就反对寡妇再嫁,认为寡妇不守节而再嫁人是怕贫穷无托、寒饿而死,提出"饿死事极小,失节事极大"(《遗书》卷二十二下)。这就把伦理道德变成了人的异化物,因而受到后世许多学者的尖锐批判。清代学者戴震曾写道:"酷吏以法杀人,后儒以理杀人,浸浸乎舍法而论理,死矣,更无可救矣!"(《与某书》)

二程对于"理"的理解的分歧,分别开启了以后的陆王心学和朱熹理学。最先明确指出这一哲学史现象的是冯友兰先生。他在30年代所著《中国哲学史》中说:"明道乃以后心学之先驱,而伊川乃以后理学之先驱也。兄弟二人,开一代思想之二大派,亦可谓罕有者矣。"[1]冯友兰后来在《三松堂自序》一书中谈到这一点,认为这是《中国哲学史》中可以"引以自豪"的内容之一。

(李维武)

《传习录》 王守仁

王守仁是明代中叶的著名哲学家。他的心学思想,以一种"活泼泼"的自我意识和主体精神,冲破了数百年来中国思想界为程朱理学所垄断的沉闷局面,风靡晚明,启迪近代,影响至今。

王守仁,字伯安,浙江余姚人,生于公元1472年(明宪宗成化八年),卒于公元1529年(明世宗嘉靖七年)。因为他曾隐居绍兴阳明洞,后又创办阳明书院,所以世称阳明先生。他死后,明穆宗诏谥文成,故又称王文成公。

王守仁是一个具有批判精神和务实精神的学者。幼年入塾读书时,他问老师:"何为第一等事?"老师回答说:"唯读书登第耳。"他却认为,当是"读书学圣贤"。15岁时,他出游居庸三关,考察北方边境地区的少数民族与军备设施,表现出"经略四方"的远大志向。但王守仁还是走上了传统的仕途,28岁中进士,开始在朝廷任职。公元1506年(明武宗正德元年),他上疏批评当权的宦官刘瑾,遭到了残酷迫害,延杖四十,贬谪到贵州西北万山丛棘中的龙

---

① 冯友兰:《中国哲学史》,中华书局1961年版,第876页。

场驿当驿丞,受尽折磨,几至于死。数年后,他又被起用,官至南京兵部尚书。其间,曾率军镇压江西、福建农民起义和广东、广西少数民族暴动,平定明宗室宁王朱宸濠的反叛,因其功被封为"新建伯"。王守仁虽然拼命维护明王朝的统治,但他也看到导致农民造反的原因,"或是为官府所迫,或是为大户所侵"(《告谕浰头巢贼》)。而在这种尖锐的社会矛盾面前,程朱理学显得支离僵化,毫无生气,已失去了维系人心的作用。按照程朱理学的路数,"从册子上钻研,名物上考索,形迹上比拟,知识愈广而人欲愈滋,才力愈多而天理愈蔽"(《传习录上》),根本就达不到"去人欲,存天理"的目的。他发出了"破山中贼易,破心中贼难"(《与杨仕德薛尚谦》)的感叹,决心在思想上树起一面不同于理学的旗帜——心学,用来收拾人心,维护明王朝统治。

王守仁心学的形成有一个相当复杂的过程,大致经过了三个阶段。他在青少年时代信奉程朱理学,遍读朱嘉之书。然而,有一次他按照朱熹的"格物致知"的方法去格竹子,不仅没有格出竹子的道理,反而自己也病倒了。这使他开始怀疑朱熹,而出入佛、老。他曾隐居绍兴阳明洞,按道家的方法修养,但终因抛不开现实生活,思念祖母和父亲,又从洞中跑了出来。在这种情况下,他开始独立探寻既不离现实生活,又不同程朱理学的"圣人之学"。在贬到龙场后,他一度意志消沉,日夜端居沉默,以求静一。一天夜里,他正在沉思"圣人此处,更有何道",忽然大悟"格物致知之旨",在于"圣人之道,吾性自足",过去按照朱熹的说法去向事事物物求理是根本错误的。王守仁就这样提出了自己心学的纲领。

王守仁心学的思想来源,主要是承继了孟子和陆九渊的哲学,也受到禅宗思想的影响。他哲学中的核心命题,如"致良知""心即理"等,或改造孟子思想,或取自陆九渊哲学。他对陆九渊极为推崇,称"象山之学,简易直截,孟子之后一人"(《与席元山》)。因此,人们又把陆九渊心学与王守仁心学合称为陆王心学。程朱理学与陆王心学,构成了宋明道学中的两大系统。

王守仁的著作有《王文成公全书》行世,近年上海古籍出版社又出《王阳明全集》。王守仁的代表作是《传习录》,共3卷,卷上、卷下为王守仁答弟子问辑录,卷中为王守仁书札。正文后附录王守仁所编《朱子晚年定论》,取朱熹答人书33则以证己说。

在《传习录》中,王守仁对程朱理学以外在于主体的"理"为本体的思路进行了抨击,指出"朱子所谓'格物'云者,在即物而穷其理也。即物穷理,是就事事物物上求其所谓定理者也。是以吾心而求理于事事物物之中,析'心'与'理'而为二矣。"(《传习录中·答顾东桥书》)这种"心"与"理"的割裂,不仅使"理"失去了主体性,失去了生命的创造力,而且使人们很难真正把握住"理"。首先,天下事物,不胜其烦,要格尽天下之物而穷其"理",是不可能做到的。其次,这造成了道德主体与道德观念的分离,妨碍了封建伦理道德的贯彻。人们往往通过父子关系去探求"孝"的道理,但如果亲人不在了,这种"孝"的道理不就也不存在了吗?

因此,王守仁提出"心即理"的本体论。他认为,只有主体之"心",才是本体;而所谓的"理",不是外在于"心"的,正在"心"之中。他说:"心即理也。天下又有心外之事、心外之理乎?"(《传习录上》)"心之本体,即是天理。天理只是一个,更有何可思虑得?"(《传习录中·启问道通书》)这种"心即理"之"心",又可称为"良知"。他进而认为,世界万物都是"心"的产物。他说:"身之主宰便是心,心之所发便是意,意之本体便是知,知之所在便是物。"(《传习录上》)心产生知觉、意识,知觉、意识产生各种事物。总之,"天地万物,俱在我良知的发用流行中,何尝又有一物超于良知之外?"(《传习录下》)有人问王守仁:你说心外无物,那么花在山间自开自落,与我的心又有何关系呢?王守仁回答说:"你未看此花时,此花与汝同归于寂;你来看此花时,则此花颜色一时明白起来,便知此花不在你的心外。"(《传习录下》)眼开则花明,眼闭则花寂,花色完全随着视觉变现运转,纯粹是主体的产物。由于世界万物都是"心"的产物,都是"良知"流行的显现,因而王守仁强调,"天地间活泼泼地"(《传习录下》),充满了生命活力。在他看来,"人心与天地一体,故上下与天地同流"(《传习录下》)。这就把一种"活泼泼"的自我意识和主体精神充溢于宇宙之中。

王守仁从"心即理"的本体论出发,提出了"知行合一"的知行观。他指出,朱熹在本体论上将"心"与"理"割裂开来,导致了他在知行观上将"知"与"行"分离为二,提出"论先后,知为先"的"知先行后"说。这不能对知行关系作出正确的说明。反之,如果承认"心即理",那么就会发现"知"与"行"原是不可分开的,只是一个工夫。人们如果只重"行",不重"知",就只会"懵懵懂懂地任意去做",这种"行"只是"冥行";如果只讲"知",不讲"行",也只能"茫茫荡荡,悬空去思索",这种"知"只是"妄想"。因此,只有用"知"指导"行""方才行得是";只有用"行"实现"知","方才知得真"。总之,"知是行的主意,行是知的功夫。知是行之始,行是知之成。"(《传习录上》)他进一步认为,"知"与"行"不仅相互依赖,而且相互蕴含,"只说一个知,已自有行在;只说一个行,已自有知在"(《传习录上》),甚至得出"一念发动处便即是行"(《传习录下》)的结论。例如,看到好看的东西,闻到难闻的气味,这些属于"知";对好看的东西表示好感,对难闻的气味表示恶感,这些则属于"行"。从这种知行观出发,王守仁十分重视那些不利于封建统治的"不善之念",认为这种念头一旦产生,就不仅是"知"的问题,而且还带有了"行"的意味,必须防于未萌之先,克于方萌之际,在最初发动时即彻底清除掉。他说:"我今说个知行合一,正要人晓得一念发动处便即是行了。发动处有不善,就将这不善的念克倒了,须要彻根彻底,不使那一念不善潜伏在胸中。此是我立言宗旨。"(《传习录下》)

在"心即理"的本体论基础上,王守仁又提出"致良知"的认识论。在他看来,由于"心即理",作为认识对象的"天理"也就存在于作为认识主体的"良知"之中,"合心与理而为一"。因此,对于"天理"的认识和把握,不是"即物穷理",而是"致知格物"。"所谓'致知格物'者,致吾心之良知于事事物物也。"(《传习录中·答顾东桥书》)即将具有"天理"的"良知"推扩到各种事物中,使各种事物皆得其"理"。"良知"的推扩即"致知",事物各得其"理"即"格物"。这种"致良知",显示了人的认识活动,不是静态的反映过程,而是主体建构对象世界的能动的创造过程。可以说,"若草木瓦石无人的良知,不可以为草木瓦石矣""天地无人的良知,亦不可为天地矣"(《传习录下》)。这种"致良知",又带有强烈的伦理化倾向。由于"良知只是个是非之心,是非只是个好恶"(《传习录下》),因而"良知"的推扩,实质上是封建伦理的推扩,是为了"去人欲,存天理""致此良知之真诚恻怛以事亲,便是孝;致此良知之真诚恻怛以从兄,便是悌;致此良知之真诚恻怛以事君,便是忠。"(《传习录中·答聂文蔚》)这实际上是把认识活动变为封建伦理道德的自觉。

王守仁所提出的"心即理"的本体论,肯定了每一个人的"心"中都存有"天理",因而肯定了"良知人人皆有"(《传习录下》),只是圣人没有障蔽,"良知"完全得以昭显;众人则多有障蔽,"良知"不易显现,但也难泯息。由于人人都有"良知",因此人人都能成为圣人。他说:"圣人气象何由认得?自己良知原与圣人一般!若体认得自己良知明白,即圣人气象不在圣人而在我矣。"(《传习录中·启问道通书》)在他眼里,"见满街人都是圣人"(《传习录下》)。他甚至主张与愚夫愚妇、劳动群众打成一片:"与愚夫愚妇同的,是谓同德;与愚夫愚妇异的,是谓异端""须做得个愚夫愚妇,方可与人讲学"(《传习录下》)。这就构成了王守仁心学在以后发展中走向宋明道学的反面、成为异端思想的契机。

王守仁的《传习录》所阐发的心学思想,对于把人们的思想从程朱理学的长期束缚中解放出来,起了很大的作用,因而流传广泛,影响深远。

首先承继和发展王守仁心学的是泰州学派。泰州学派的创始人王艮,出身盐工,当过商贩,自学成材,后从学于王守仁8年之久。他从王学出发,提出"百姓日用之学",认为自然界和人都是"良知之体",鸢飞鱼跃,万紫千红,活泼泼的。因此,所谓"良知""天理""圣人之道",不是神圣的、不可捉摸的,而是通过"百姓日用"体现出来的。他说:"圣人之道,无异于百姓日用""愚夫愚妇,与知能行便是道""百姓日用条理处,即是圣人条理处"(《王心斋先生全集·语录》)。泰州学派的著名学者,还有王艮之子王襞及徐樾、颜钧、何心隐、罗汝芳等。颜钧、何心隐都是具有鲜明异端性格的思想家,用黄宗羲的话说,他们"能以赤手搏龙蛇""遂复非名教之所能羁络矣"(《明儒学案·泰州学案》)。

明代后期的异端思想家李贽,对王守仁其人其书其学甚为推崇,更拜王艮之子王襞为师。他承继并改造了王学传统,提出"童心说",认为人们一生下来,都具有"童心""绝假纯真",但由于理学家们不断宣扬封建伦理,使之进入人心,"以为主于其内",结果造成了"童心"的丧失、人性的扭曲,因此,应当摒弃封建伦理,恢复"童心"。李贽与王守仁都高扬人的自我意识和主体精神,但他们言"心"又有所不同:王守仁主张"心即理",力图将封建伦理置于人的主体之中,成为主体的自觉的活动;李贽则主张"心非理",反对用封建伦理来规范人的主体,而保持主体的纯真、自由的本性。在这里,心学已走向了宋明道学的反面,成为了异端思想的理论旗帜。

中国近代的一些进步思想家,也从王守仁心学中吸取思想资料,熔铸成自己的启蒙思想。龚自珍就对"众人""自我""心力"尤为重视,说:"天地,人所造,众人自造,非圣人所造""众人之宰,非道非极,自名曰我"(《壬癸之际胎观第七》);"报大仇,医大病,解大难,谋大事,学大道,皆以心之力"(《壬癸之际胎观第四》)。谭嗣同更利用近代科学知识来阐释、宣扬"心之力量",说:"仁以通为第一义;以太也,电也,心力也,皆指出所以通之具""以太也,电也,粗浅之具也,借其名以质心力""仁为天地万物之源,故唯心,故唯识"(《仁学》)。梁启超也对王守仁的学术地位作了相当高的评价,说:"明朝以八股取士。一般士子,除了永乐皇帝钦定的《性理大全》外,几乎一书不读。学术界本身,本来就像贫血症的人,衰弱得可怜。阳明是一位豪杰之士,他的学术像打药针一般,令人兴

奋,所以能做五百年道学结束,吐很大光芒。"(《中国近三百年学术史》)

至20世纪,王守仁心学对中国的思想、学术的发展,仍有很强烈的影响。例如,青年郭沫若走上反封建的道路,就曾受到王学反传统倾向的启迪,后来他还写了《王阳明礼赞》一文。又如,贺麟早期在创立"新心学"哲学体系时,重视吸取王守仁的"心即理"的本体论思路,认为自己的哲学是"注重心与理一,心负荷真理,理自觉于心"的"唯心论"。[1]

(李维武)

《明夷待访录》 黄宗羲

在中国历史上,明清之际是封建社会衰落、资本主义萌芽发生的新旧交错点。这是一个天崩地解、沧海横流的时代,也是一个思想启蒙的时代。封建社会的严重危机,资本主义萌芽的艰难生长、满汉民族矛盾的空前激化,使这一时期的社会矛盾犬牙交错、社会斗争尖锐复杂。这些都是以往封建朝代所难以比拟的。正是在这个风雷激荡、血火交融的历史大变局中,一批地主阶级改革派知识分子通过社会斗争实践广泛地接触到社会现实和民间疾苦,利用他们的文化教养总结明王朝覆亡和抗清斗争失败的历史教训,对他们认为导致这一系列变局的封建专制制度和封建蒙昧主义进行检讨和批判,力图从当时的社会矛盾运动中探寻历史发展的轨迹、政治改革的方向和民族复兴的道路,从而兴起了一代早期启蒙思潮,涌现出一大批进步思想家。黄宗羲和他的名著《明夷待访录》,就是这一时代的产物。

黄宗羲,字太冲,号南雷,别号梨洲,生于公元1610年(明万

---

① 见贺麟:《哲学与哲学史论文集》,商务印书馆1990年版,第131页。

历三十八年),卒于公元1695年(清康熙三十四年),浙江余姚人。余姚是商品经济发展较早的地区。他的父亲黄尊素是东林党的著名人物,因反对宦官集团而被捕,冤死狱中。东林党人的高风亮节和牺牲精神,对少年黄宗羲产生了极深刻的影响,使他从小就关心国事,立志改革。在黄宗羲19岁那年,由于崇祯皇帝即位,宦官集团失势,东林党人冤狱得以昭雪。黄宗羲闻讯后即进京为父讼冤。在审问宦官集团余孽时,黄宗羲当场以铁锥击打迫害东林党人的特务头子及狱卒,伸张正义,由此声名大震,成为复社领袖。不久,宦官集团又重新抬头,黄宗羲与复社诸名士集会南京,作《留都防乱揭》加以揭露和痛斥。这招致了宦官集团的疯狂报复,黄宗羲等复社成员都被逮捕,只是由于清军迅速南下,才未被害,得以逃脱。黄宗羲脱险后,又立即在家乡组织"世忠营",投身抗清武装斗争。他曾在南明鲁王政权中任职,试图恢复明王朝,但是鲁王政权的内部腐败和悍帅专权,使他历尽艰辛而一事无成。历时10年的抗清斗争失败后,黄宗羲回到家乡,进行讲学,从事著述。通过这一系列惨痛酷烈的变局、腥风血雨的斗争,黄宗羲终于彻底觉醒了。他不仅看透了明王朝的腐朽昏暗,而且进一步对整个封建制度产生了怀疑和否定,决心对封建专制主义进行批判。正是这样,他于1661年(清顺治十八年)至1662年(清康熙元年)间完成了一代早期启蒙思潮的名著——《明夷待访录》。

《明夷待访录》的书名,取自《易经》的《明夷》卦"箕子之明夷"

一语。箕子为商末开明政治家，被商纣王所囚。周武王克商后，即向他请教治国之术。黄宗羲自比箕子，决心存真理于是书，寄希望于未来。今本全书分为21篇，其中《原君》《原臣》《原法》《置相》《学校》《建都》《方镇》《胥吏》各一篇，《取士》《阉宦》各分上下两篇，《田制》《兵制》《财计》各分一二三篇。全祖望在跋中说："原本不止于此，以多嫌讳弗尽出。"清代的严酷的文化专制，使我们至今难以看到原本《明夷待访录》的全貌。

在《明夷待访录》中，黄宗羲首先对中国2000年的封建专制制度进行了系统的解剖和猛烈的批判，并把批判的锋芒直指封建君主专制制度。

第一，在君民关系上，黄宗羲揭露了封建君主对民众的残暴统治，反对"君为主，天下为客"，主张"天下为主，君为客"。他认为，君主并不是从来就有的，更不是受命于天的。在洪荒时代，天下有公利无人兴之，有公害也无人除之。在这种情况下，有人站出来，愿为天下兴利除害而不计较个人利害，这种人就受到天下人的拥戴，成为君主。因此，君主应当"以天下万民为事"（《明夷待访录·原臣》。下引该书，只注篇名），"其人之勤劳必千万于天下之人"（《原君》），努力为广大民众服务。但是，远古的这种君民关系却在后世被颠倒了："古者以天下为主，君为客，凡君之所毕世而经营者，为天下也。今也以君为主，天下为客，凡天下之无地而得安宁者，为君也。"（《原君》）原来君主是为民众服务的公仆，而现在却成了民众的主人;原来君主是为天下谋幸福的,而现在却给天下带来了无穷无尽的深重灾难!在君主夺取天下时,"屠毒天下之肝脑,离散天下之子女",美其名曰:"我固为子孙创业也。"在君主夺取天下后,又"敲剥天下之骨髓,离散天下之子女",赤裸裸地宣称:"此我产业之花息也。"正是这样,君主成了残暴统治者和人民公敌,"天下之人怨恶其君,视之如寇仇,名之曰独夫"。(见《原君》)黄宗羲利用对原始氏族制的回忆和古今君民关系的对比,抨击了封建社会君贵民贱的等级观念,开始把"天下万民"看作社会的主体,从而确立了一个评价人们社会关系的新标准。他运用这个新标准,对封建社会的君臣关系、财产关系、法律关系作了深入的揭露和批判。

第二,在君臣关系上,黄宗羲揭露了封建君主把臣属变成了自己的仆妾,反对臣为"君主一姓",主张臣为"天下万民"。他认为,既然"天下为主,君为客",那么,设立群臣百官,不是为了君主,而是为了天下民众;官吏不应当对君主尽忠,而应当对天下民众负责。他说:"我之出而仕也,为天下,非为君也,为万民,非为一姓也。""天下之治乱,不在一姓之兴亡,而在万民之忧乐。"(《原臣》)只有"万民之忧乐"才是衡量天下治乱、官吏政绩的尺度。为臣者如果轻视万民疾苦,即使辅君而兴、从君而亡,也决非好官吏。他进而认为,君与臣都应当为天下民众,他们的关系不是主仆关系,而是一种平等的师友关系。他说,由于天下太大,非一人所能治,需要许多人分工合作,共同治理。君与臣共治天下,就像共同抬一根大木头,前呼后应,平等相处,紧密配合。这种以"天下万民"为中心的新的君民关系,是对中国封建社会"君为臣纲"政治准则的大胆否弃。

第三,在财产关系上,黄宗羲揭露了封建君主对民众的疯狂掠夺,反对君主"以我之大私为天下之大公",主张"人各得自私""人各得自利"。他认为,人们设立君主,本是为了为天下民众兴利除害;但君主制度的发展适得其反,君主"以为天下利害之权皆出于我""以我之大私为天下之大公"(《原君》)。在这种"大公"的旗号下,封建君主一方面"使天下之人不敢自私,不敢自利",剥夺了广大民众最起码的物质利益,迫使他们过着贫穷痛苦的生活;另一方面把"天下之利尽归于己""以博我一人之产业""以奉我一人之淫乐",并力图把天下作为私产,子子孙孙传下去(见《原君》)。在封建君主看来,人民创造的财富都是自己的私产,天下民众也都是"人君橐中之私物"(《原臣》)。黄宗羲指出,这是一种极不公正、极不合理的财产关系。他从"天下为主,君为客"的思想出发,主张废除君主专制,满足人们的物质利益要求和利己主义要求。他说:"向使无君,人各得自私也,人各得自利也。"(《原君》)憧憬着建立一种新的财产关系。

第四,在法律关系上,黄宗羲揭露了封建君主利用封建法权维护其统治和掠夺,反对实行"一家之法",主张实行"天下之法"。

他指出，封建社会的"王法"都是保护封建君主既得利益的工具，是维护君主专制的政治关系和财产关系的"一家之法"。在封建社会中，封建君主也谈论法律，制订法律，并强迫天下万民遵守法律。但是，他们的法律不过是为了维护自己的家天下，而不曾"有一毫为天下之心"。黄宗羲认为，这种法律的实质，就是"藏天下于筐箧"，使得"利不欲其遗于下，福必欲其敛于上"，让君主垄断一切利益，把整个天下都变成君主个人的私有财产。因此，"所谓法者，一家之法而非天下之法也。"（《原法》）他幻想用保护人民利益的"天下之法"代替保护君主利益的"一家之法"，从而达到"藏天下于天下""贵不在朝廷""贱不在草莽"，实现政治、经济上的平等（见《原法》）。

黄宗羲通过对封建君主专制制度的揭露和批判，得出了一个极大胆的结论："为天下之大害者，君而已矣！"（《原君》）他要求从根本上否定封建君主专制制度。

在这一基础上，黄宗羲又根据"天下为主，君为客"的思想，提出了一系列社会改革的设想，描绘了中国早期启蒙思想家的理想王国。

在政治上，黄宗羲主张学校议政，限制君权。他总结了明末东林党人的斗争经验，认为以书院形式出现的学校，集中了在野知识分子的精华，他们能通过"清议"对君主和朝政提出批评、建议，限制君主的权力。他说，在封建君主制度下，"天下之是非一出于朝廷"，一切都是君主说了算："天子荣之，则群趋以为是；天子辱之,则群擿以为非。"这种一言堂更助长了君主独断专横。只有提倡学校议政,"使治天下之具皆出于学校",才能使"天子之所是未必是,天子之所非未必非"。(见《学校》)在这种情况下,君主不敢一个人专断是非,而是公布是非于学校,让知识分子发表不同政见,参与国家的决策和管理。在黄宗羲看来,从君主到各级地方官吏都要受到相应的各级学校的监督。具体办法是,由国家设立太学,太学由祭酒主持,天子应当受祭酒的监督;郡县则设立学校,学校由学官主持,郡县官吏必须受学官的监督。黄宗羲的这一主张,可以说是在中国建立近代议会制度的最早构想。

在经济上,黄宗羲主张计口授田,发展商品经济。他设想恢复古代井田制,由国家管理、分配土地,每户授田五十亩。至于剩余的土地,则听任有生产能力的"富民"占有,以满足他们扩大生产的要求。这种计口授田的主张,既有同情贫苦农民、受到明末农民战争"均田"思想影响的一面,也有要求维护"富民"利益、受到农业中资本主义萌芽因素影响的一面。在重农的同时,他反对中国封建社会传统的"以工商为末"的崇本抑末政策,第一次明确提出"工商皆本",强调工商业在经济活动中的重要性。他还主张改革币制,整顿市场,调整物价,扩大贸易,以造成"封域之内,常有千万财用流转无穷"(《财计二》),促进商品经济繁荣。这些思想反映了新兴市民发展工商业的要求。

在文化上,黄宗羲主张改革科举制度、发展科学技术。他指出，科举制度发展到明代，已完全丧失了积极意义，弊端甚多。最大的弊端就是严重地束缚了知识分子的思想，一切以儒家经义作为标准，如有一语不与之相合，便会被指责为"此离经也，此背训也"(《南雷文案·恽仲升文集序》)。在这种情况下，读书人空谈性理，不务实际，"转相模勒，日趋浮薄，人才终无振起之时"(《取士上》)。因此，黄宗羲力主改革腐朽的科举制度，提出用各种不同的方式选拔人才。他认为，"学问之道"就在于珍视那些非正统的"一偏之见""相反之论"，反对"依门傍户、依样葫芦者"(见《明儒学案·发凡》)。他重视发展科学技术，提出应鼓励和使用那些擅长历算、乐律、测望、占候、火器、水利的人。

黄宗羲在《明夷待访录》中对封建专制主义的批判和对未来理想王国的设计，典型地反映了中国早期启蒙思潮的民主性精华，集中地代表了经过漫长封建专制制度的统治之后人的觉醒。正是这样，《明夷待访录》一问世，就受到当时先进思想界的重视。顾炎武在给黄宗羲的信中说："大著《待访录》，读之再三，于是知天下之未尝无人，百王之敝可以复起，而三代之盛可以徐还也。"(《顾宁人书》)认为《明夷待访录》指出了复兴中华民族的道路。清王朝也很快觉察到《明夷待访录》的现实意义，将该书列为禁书，不准刊印。

但是，真理是锁不住的。在经过清王朝的近两个世纪的压制后，随着中国近代资产阶级维新思潮的兴起，《明夷待访录》的意义又重新被人们所认识、所高扬。近代思想启蒙先驱魏源,承继了黄宗羲的民主思想,提出"天下为天下之天下"①。维新派志士梁启超、谭嗣同更是深受《明夷待访录》的启迪。梁启超将黄宗羲的《明夷待访录》同卢梭的《民约论》相提并论,认为该书在"《民约论》出世前之数十年,有这等议论,不能不算人类文化之一高贵产品"②。他在晚年深情地回忆道:《明夷待访录》中所包含的民主主义精神,"对于三千年专制政治思想为极大胆的反抗。在三十年前我们当学生时代,实为刺激青年最有力之兴奋剂。我自己的政治运动,可以说是受这部书的影响最早而最深"。③"梁启超、谭嗣同辈倡民权共和之说,则将其书节抄,印数万本,秘密散布,于晚清思想之骤变,极有力焉。"④从梁启超的亲身经历感受中可见,《明夷待访录》对中国近代思想启蒙确实起了极重要的作用。

正是这样,《明夷待访录》受到了现代中国进步思想界的高度评价,被认为是中国思想史上的一部划时代的著作。蔡元培把黄宗羲的思想称为"自由思想之先声",指出"在今日国家学学说既由泰西输入,君臣之原理,如梨洲所论者,固已为人之所共晓。然

---

① 魏源:《默觚·治篇三》,《魏源集》,中华书局1976年版,第44页。
② 梁启超:《中国近三百年学术史》,北京市中国书店1985年版,第46页。
③ 梁启超:《中国近三百年学术史》,第47页。
④ 梁启超:《清代学术概论》,中华书局1954年版,第14页。
⑤ 蔡元培:《中国伦理学史》,《蔡元培哲学论著》,河北人民出版社1935年版,第108、106页。

在当日,则不得不推为特识矣。"⑤侯外庐认为《明夷待访录》"类似《人权宣言》",强调该书的意义在于"超过了王朝更替的中古君臣之义,去寻求新的制度"①。

  无疑,《明夷待访录》是中国近代民主主义精神的第一块奠基石。

(李维武)

---

①侯外庐:《中国思想通史》第5卷,人民出版社1956年版,第155、157页。

《新学伪经考》 康有为

《新学伪经考》是康有为所著一部关于经书辨伪的专著。1891年初刻于广州,在它出版后不到10年的时间内,曾被全国各地争相翻刻印行达5版之多,也曾遭到清政府降旨严令禁毁。人们或喻其为思想界的"大飓风",或赞之曰"字字精确""古今无比",也有人指责它"非圣无法,同少正卯",对之又恨又怕,甚至发出宁可让魏忠贤配享孔庙,也不能让康有为扰乱时政的哀叫。

一本经学考据之书,为什么能引起全国上下如此重大的震惊,得到如此毁誉不一的评论?

正如上帝在欧洲中世纪漫长的历史中始终充当着世界的主宰者一样,经书、经学在中国秦汉以来的悠悠岁月中,也一直占据着至高至圣的学术地位。经书历来被看作是古圣先哲们留给后世的经典著作,是读书人安身立命、为学行事的金科玉律,对经学的研究,则一方面反映了中国知识分子的社会理想、人生追求,一方面也为历代统治者施政治国提供理论依据。传统经学内部分今文经学、古文经学两个派别,西汉盛行今文经学,西汉末从民间搜集的图书中和孔子旧宅内发现了用"古文"书写的经本,由此,古文经学渐兴,至东汉而极盛。今、古文学派由于经本的不同而涉及到经义、解释的不同,因此各有家法,互相攻击。到东汉末出现一个许慎,他博学盖世,治经不拘泥于今、古文学的门户之争而参互各说,他以古文经书为宗,兼采今文学说,重新写定群经注本。从此,今文学家法混淆湮灭,今文经本也渐渐不传,后代读经研经的士大夫都以郑玄写定的群经本子为主要依据,视其为经学正统。

《新学伪经考》对经书的考据,恰恰是对传统经学正统的大胆反叛,他指出:古文经书都是伪经,是刘歆为了协助王莽篡夺刘汉正统而伪造的,所谓"新学",即指王莽新朝之学。历代学者称郑玄以来的正统经学为"汉学",康有为针锋相对地指出,所谓"汉学",其实只是"新学"。梁启超在其《清代学术概论》中介绍本书的要点说:

一、西汉经学并无所谓古文者,凡古文皆刘歆伪作。二、秦焚书,并未厄及六经,汉十四博士所传,皆孔门足本,并无残缺。三、孔子时所用字,即秦汉间篆书,即以"文"论,亦绝无今古之目。四、刘歆欲弥缝其作伪之迹,故校中秘书时,于一切古书多所羼乱。五、刘歆所以作伪经之故,因欲佐莽篡汉,先谋湮乱孔子之微言大义。

这实在是一场威力无比的"大飓风",它宣布古文经是伪经,就从根本上动摇了近2000年来儒家知识分子读书治学的立足点,震撼了世世代代读书人坚信不移的思想观念,自此,不仅经书,而且其他一切古书,都因为刘歆的"多所羼乱",而必须重新检查估价。更有甚者,古文经既是赝品,那么,建立在这些赝品之上的封建统治的君主皇权、典章制度等,也就失去了它们的神圣性和尊严性。这样,这场"大飓风"所袭击的范围,就不仅是思想界、学术界,而且直接关系到国家政治秩序的稳定。它的意义,实在可以称得上是19世纪末中国的"哥白尼革命"。

我们不禁要追问,作者何以如此"冒天下之大不韪",作这样一部惊世骇俗的著作?

首先,是个人因素的作用。康有为,就是那个1895年在北京领导发起"公车上书"的著名举人。这年3月,清政府签订了丧权辱国的《马关条约》,消息传开,群情激愤,康有为此时正在北京应顺天府试,他与在京赶考的十八省举人,在宣武门外的松筠庵聚议,草疏18000多字的请愿书,集合1300多人,于5月2日来到都察院的门口请愿上书,公开向朝廷提出"拒和、迁都、变法"的政治要求。这一震惊中外的事件,就已反映了作为领导者的康有为卓荦不群的性格和高瞻远瞩的思想品格。

康有为1858年出生在广东省南海县的一个理学名族,后人多称其为康南海先生,他早年曾接受良好的传统文化教育,稍后又接触、阅读了《西国近事汇编》《环游地球新录》等西方翻译著作。还亲自游历香港,感到西人治国颇有法度,此后,便认真研读西学,"以经营天下为志"。加上他个人聪慧过人,勇敢决断,富于创见,锲而不舍,自信力极高等优越的主观条件,使他能努力实现自己的理想抱负。

其次是社会状况的促成。康有为目睹中法战争以来中国外患日逼,清廷腐败,痛感到"国命危贴,民生日悴",于是"慨然发愤,思易天下"(陈千秋《长兴学记·跋》)。他认为只有变法维新,才能挽救危急的时局。1888年,他趁进京应试之时,上书光绪皇帝,提出"变成法、通下情、慎左右"的主张,这是他第一次公开提出变法主张。但却因顽固派的反对、阻挠,未能上达皇帝,而且还遭到顽固派的横加指责和嘲谤。他感到失望而痛心。继此,康有为在北京住了一年多时间,眼看朝政腐败,读书人士气萎靡,风气闭塞,他深感:要在这暮气沉沉的社会中进行维新变法,阻力将是十分巨大的。1890年,他返回故里,次年,在广州长兴里创办万木草堂,决心以著书讲学来开创风气,制造舆论,培养人材。他的学生中,梁启超、麦孟华等人,就都曾在日后的戊戌变法中起过重要作用。康有为在万木草堂带领学生讲求中外之法,探讨救国之道,他一面讲学,一面著述,写出了《婆罗门教考》《王制义证》《毛诗伪证》《周礼伪证》《新学伪经考》《史记书目考》《孟子大义考》《墨子经上注》《孟子为公羊学考》《论语为公羊学考》《春秋董氏学》等著作,这些书表面上是有关经学的考据之作,其实都是集中攻击正统的儒学经典,含有强烈的政治色彩。《新学伪经考》就是其中最重要的一部著作。

再次是学术继承的启发。在康有为之前,辨伪活动已有所发展,特别是明清以来,胡应麟的《四部正讹》、姚际恒的《古今伪书考》、崔述的《崔东壁遗书》等辨伪专书,积累了辨伪思想和辨伪方法。对于古文经书的怀疑与考辨,也早已被朱熹、阎若璩、魏源等人所提及,他们对《古文尚书》《毛诗》《周礼》等单本经书有所考据,而对康有为产生极大而直接影响的,是廖平的《今古学考》,廖平是与康有为同时而稍长的今文学家,他的《辟刘篇》指责刘歆校理中秘书时篡乱经书,1889年廖平到广州谒见张之洞,康有为到广雅书局拜访了廖平,廖拿出《辟刘篇》,康有为读后深受启发,引为知己。正是在这些基础之上,康有为才得以全面怀疑古文经书,并把伪经的作俑者归之于刘歆。

作为维新变法的舆论先导,《新学伪经考》是针对传统中国思想、政治体系中最要害的部位——儒学正统经书而直接发难的,这是对2000年来一脉相承的封建体制的重大挑战,是对正统派文人和顽固派官僚的最有力的打击。当时,"中体西用"的论调盛极一时,早期改良主义思想家们虽然主张学习西方,但指的仅是军事、工业、交通等先进科技,对于中国传统的纲常伦理、典章制度等所谓"中学",则未敢有丝毫非议,而且企图以"西学"之"用",来挽救、振兴"中学"之"体"。康有为的这本书,则是改革"中学"的先声。欲立先破,他在书中反复痛斥刘歆造伪的罪恶,说他"作伪书,乱圣制""篡孔统",使近2000年的历代文人深受蒙蔽,"咸奉伪经为圣法",于是,"孔子之道不著",他打着还孔学本来面目的旗号,声称自己要"发奸露覆,雪先圣之沉冤,出诸儒于云雾"(《新学伪经考·序》)。其实,他的真正用意在于对当时一切正统的思想学问、典章制度进行全面的批判和彻底的否定,只有先打破正常的思想秩序,使人们对正统的观念发生怀疑,动摇信仰,才有可能在此基础上,鼓吹新鲜的思想,进行维新变法,在这一意义上,《新学伪经考》确实起到了解放思想的作用。它在学术上推翻了古文经学"述而不作"的传统,在思想上打破了正统文人泥古守旧的惰性,在政治上打击了顽固派"恪守祖训"的反动势力,为变法踢除了绊脚石。

  在此,我们不能不提到康有为的另一本书《孔子改制考》,如果说《新学伪经考》是戊戌变法的舆论先导,那么《孔子改制考》可以称得上是戊戌变法的理论根据。康有为在《新学伪经考》出版后的第二年,开始着手撰写此书,共化了5年心血,于1897年出版。书中着力阐发"托古改制"的理论,认为六经是孔子手作,孔子在六经中假托古圣先王的言行来宣传自己的政治观点和改革主张。本书还发挥公羊学的"三世学说",认为据乱世、升平世、太平世是人类社会递进的不同阶段,孔子改制就是要改乱世之制,以进入升平之世。康有为把孔子塑造成托古改制的"素王",推崇他为千秋万世的教主。可是,孔子之道被歪曲了2000多年,无人能了解他的真谛。康有为把自己作为孔子道统的直接继承者,声称他的变法主张是完全合乎孔子思想的。《孔子改制考》明确道出了康有为借孔子改制而为维新变法张本的真实用意,为他把处乱世的封建主义中国改造成升平世的资本主义中国提供了理论根据。顽固派攻击此书"明似推崇孔教,实则自申其改制主义",倒是十分准确的评说。

在理论准备的同时,康有为连续发表上清帝书,一步步陈述自己的变法思想,提出"采法俄、日""设立议院""大集群才""改革制度"等主张,这些上书,打动了光绪皇帝,在统治阶层中影响极大,许多官员竞相传抄,议论纷纷。上海、天津的报纸把其中有些上书还全文刊载,使变法思想广泛流传,康有为也成了朝野公认的维新派领袖。1898年正月,康有为上《应诏统筹全局折》(即《上清帝第六书》)提出了进行变法的总体规划,光绪读后,立即发给总理衙门的大臣会议,变法终于正式提到了朝廷的议事日程上,而此份上书,即成为戊戌变法的施政纲领。

《新学伪经考》不仅在维新变法运动中立下赫赫功绩,而且以其思想影响,启发了学术界的一代辨伪风气。20世纪20年代初掀起的古史考辨学派,即受到晚清今文学派,特别是康有为《新学伪经考》《孔子改制考》的极大启发。古史辨派的主要人物顾颉刚、钱玄同等人,即是康有为的崇拜者,他们在提到自己疑古思想的形成时,都曾说及康有为《新学伪经考》给予自己的巨大震动和启发,钱玄同还为《新学伪经考》的重刻本作了一篇长序,全面评说此书的成就,推崇康有为的伟大贡献。古史辨派的学者们,正是在《新学伪经考》大胆疑经的精神引导下,进一步对一切古籍进行全面系统的考辨工作,另一方面,也只有在《新学伪经考》扫除了经书神圣不可侵犯的威严后,他们才有可能在此基础上怀疑一系列与经书必不可分的古书古事。古史辨派以其"大胆的假设、小心的求证"的治学方法,对中国先秦至两汉的古籍进行了全面的考证辨伪,从而揭示了历史真实与神话传说的各自真面目,为科学地研究我国古代历史提供了确凿可信的史料。《新学伪经考》对此方面的开风气之功不可忽视。

然而,作为一部学术考据著作,《新学伪经考》的武断强辩,曾遭到后代学者们的憾叹和批评。梁启超评此书曰:"往往不惜抹杀证据或曲解证据,以犯科学家之大忌,此其所短也。"(《清代学术概论·二十三》)如康有为为了证明刘歆一手伪造古文经,硬说凡是《史记》《楚辞》等先于刘歆时代的书中所引用或提及古文经的地方,都是刘歆羼增的,甚至出土的钟鼎彝器上的古文经,也都是刘歆自己铸造了埋藏到地底下以欺骗后世的。这显然是与实际情理太不相合的说法。又如本书的急于断言结论而疏于详密考证,也被近代学者指为"有新闻纸的气息""只是宣传而不是学术"等等。1930年《燕京学报》上发表钱穆先生的"刘向、刘歆父子年谱"10余万言,这篇长文以排比时事的年谱形式,用丰富确凿的史实,联系西汉末年学术思想演变发展的趋势,证明了刘歆制造伪书在时间上的不可能、在情理上的说不通。自此,"刘歆造伪"说在学术界才算真正被推翻。钱穆此文是经学研究上的重大成果,它解决了经学史上长期争辩不清的今古文问题。康有为的主要观点虽然被它否定了,但《新学伪经考》在思想界所产生的巨大影响力,却成为历史事实而无可抹杀。

(钱婉约)

《盛世危言》 郑观应

在2000多年的中国封建社会中,历来崇尚"重农轻商""重农抑商"的经济观念。在这个自给自足的农业大国里,人们习惯的经济生活方式是自行生产、自行消费。人民以温饱自足,以安定为福。丰衣足食可谓国家经济发展的最高要求,而达到这一要求的手段无外是勤力农事,奖励农业和减除一切浪费及奢侈。工商活动历来都被认为是占据生产人口,妨碍农业生产,促成浪费奢侈的无益行为。因此,长期以来,受到轻视甚至压抑。直到近代初期,这种思想观念及其赖以生存的经济基础,仍未有动摇、改变。

第一、第二次鸦片战争后,清政府被迫开放通商口岸,中国人与外国人打交道的机会越来越多,1862年清政府成立总理各国事务衙门,就是为处理外交事务而专门设置的。在当时的外交事务中,商务是最多、最主要的。国际形势的迅速变化,客观上已使商务问题上升到重要国政的显赫地位。

但是,一个2000多年中素来轻商、抑商的国度,不可能一下子在思想观念上重视商务问题。《天津条约》签订后,咸丰皇帝曾有意以全免关税为条件,来换取"公使驻京"的要求,这一事例很鲜明地反映出清政府对商务的无知和轻视,而对自己政权威严的何等看重。总之,办商务的目的不在于通商获利本身,而完全是政府外交上的一种制衡手段,其最终目的只在于维护统治,包括政治秩序及经济秩序等。

在这时候,只有少数人开始渐渐认识到商务的重要性,并有志在中国真正倡导发展工商业。这些人大多是处于洋务运动重要位置上的官员,身居通商口岸,接近商业竞争战场,经常与外商接触的督抚或知识分子。例如,长期在上海英国教会所办"墨海书馆"中工作,而且游历过英、法、俄等资本主义国家的王韬;长期任曾国藩、李鸿章幕僚,并出任清朝驻英、法、意、比四国公使的薛福成;留学法国,亦任李鸿章幕僚的马建忠等。这些人在他们的著作论述中,已不同程度地提到或论及"重商"的问题。

然而,对于重视商务,发展工商业这一问题,在文字上进行全面系统论述,而且再三修订,不断增补,形成较完整思想的,要算郑观应的《盛世危言》。它可以说是近代中国第一部倡导发展资本主义工商业,以商求富,以富求强思想的著作。

1842年7月,即中英签订《南京条约》之前一月,郑观应出生在广东省香山县雍陌乡的一个士绅之家。香山县离广州不远,与香港隔水相望,在鸦片战争前,这里的居民就有不少与外国资本家打交道,其中经商致富的人就较多。鸦片战争后,香山人充当外国洋行买办的人越来越多,因而香山县有"买办故乡"之称。在郑观应的家族和亲朋中,就有不少人在上海等地做买办。这样的家乡环境和家族关系,促使郑观应在17岁参加县试失败后,就抛弃历代读书人科举仕途的传统模式,而走上了"赴沪学贾"的道路。

在此后的岁月中,郑观应先后在英国宝顺洋行、太古轮船公司担任过买办,又自己经营贸易、投资轮船公司,还担任过上海机器织布局总办、轮船招商局总办、上海电报局总办等重要职务。列身于外国洋行、官僚企业的激烈竞争之中,他辛勤经营、日夜操劳,积累了丰富的商务知识和经验教训。另一方面,他还不忘"学习英文,究心泰西政治、实业之学"(《盛世危言》卷八),并把自己救时救国,抵制侵略的思想主张,著述成书,以广流传。

1873年,郑观应写成《救时揭要》一书,这时,作者的认识还主要表现在对外国侵略者的义愤上,他控诉侵略者贩卖中国人出洋为奴的罪恶,揭露资本主义侵略中国权利、贱踏华民的行径,也初步提及保卫商民、收回权利的主张。

1880年,郑观应又完成《易言》一书,如果说《救时揭要》反映了作者对外国资本主义侵略的感性认识的话,那么在《易言》里,这些感性的认识得到了理性的上升。郑观应对自己的思想进行了初步系统化的论述,提出了具有资产阶级改良主义色彩的思想体系。这就是:抵抗外国资本主义侵略,发展民族资本主义工商业,实行君主立宪的政治体制。由于这种从感性认识到理性认识的升华,作者自己把《易言》称为《救时揭要》的续篇。

由于时代的变化,郑观应经历的不断丰富,他对事物的认识也更为深刻、更加全面,这使得他又不满意于《易言》,而在其基础上修订增扩,于1894年编成《盛世危言》。从《救时揭要》到《易言》再到《盛世危言》,反映了郑观应资产阶级改良主义思想从早期雏形到成熟体系的演变发展,也体现了中国近代"重商"思想从产生、发展到基本完善的成长过程。

《盛世危言》的版本很多,在1894年出版了第一版后的六年中,又先后再版过增补修订本20多种,可以说是中国近代出版史上版本最多的一种书。其书名有《盛世危言》《盛世危言续编》《盛世危言增订新编》等,卷数也多次更动,有五卷本、三卷本、十四卷本、四卷本、八卷本等。这些版本不一定都是经过郑观应手定和同意的,据专家分析考定,其中经作者手定、能代表他思想发展变化的,是1894年的五卷本、1895年的增订新编十四卷本和1900年的增订新编八卷本[①]。

现在,我们参互这三个本子,来看看作者是怎样阐述他的思想的。郑观应说:

欲攘外,亟须自强;欲自强,必先致富;欲致富,必首在振工商;欲振工商,必先讲求学校,速立宪法,尊重道德,改良政治。(《盛世危言后编·自序》)

[①] 见夏东元著《郑观应传》第 4 章,1981年华东师范大学出版社出版。

这里,郑观应很有层次地表述了自己的思想,可以作为我们理解《盛世危言》的思想纲领。

当时,有"商战"和"兵战"两种口号,郑观应明确指出,要抵抗外国侵略者,"商战重于兵战",兵战固然不可忽视,但它是"末",商战才是真正重要的,是"本"。要进行商战,必须有大量丰富而价廉物美的商品进入市场与外国资本主义竞争,而这需要有强大的工业作后盾。因此,郑观应极力主张中国要发展自己的近代工业,以达到"有工以翼商"的目的。

郑观应认识到西方近代工业采用先进的机器技术,使劳动生产率比手工作坊成十倍、百倍的提高,这是西方资本主义致富的根本道路。因此,他十分重视学习西方科学技术,主张引进先进的机器装备。

工商业发达的又一重要条件是新式的交通运输和电讯设备,它能降低商品运费,及时了解商业行情。郑观应十分重视近代航运、铁路、电报等事业,在书中,他对发展这些行业的意义和方法,进行了一一说明。

近代工业和交通运输,又必须具备动力、原材料等,对此,郑观应提倡大力发展煤炭、金属的采掘和冶炼等工业。此外,还要自办银行,解决生产和流通中的矛盾,促使商品和资本的快速周转。

应该说,郑观应的"商战"理论,对工业发展的生产和流通的全过程都有了较全面的考虑和相应的论述。尽管从现在看来,他的论述不免粗浅和错陋之处,但在当时,对于一个素缺工商传统和基础的国家进行资本主义工商业"启动",是具有推动意义的。

与此相关,郑观应还论述了教育、思想观念、政治体制等问题对发展资本主义工商业的重要性。由于工厂、矿务、交通运输、银行等在中国都是新的行业,要把它们办好,很重要的一条是要有足够的新式管理人才和技术人才,"借才异域"不仅工薪高,增加了产品成本,而且受人挟制。因此,郑观应把创办学校、培养新式人才,看作商战的重要一环。

郑观应指出,传统社会"农为本、商为末"的观念,只是与"小农各安生业,老死不相往来"的古代社会相适应的思想,而今的社会正处在"各国兼并,各图利己,借商以强国,借兵以卫商"的局势(《盛世危言·商务》)。中国要富强,必须彻底改变"轻商"的错误思想观念。而且,为了改变工商业者的地位,清政府应效法西方国家,设立商部综理商务,亲近商民,倾听他们的意见,而不再把他们"目为市侩"。

发展工商业,还必须有与之相适应的政治制度作保证。郑观应在《易言》中,已提出实行君民共主的议政制,在《盛世危言》中,发展为明确地提出中国建立君主立宪制度。这反映了他在承认君权前提下的资产阶级民主要求。

综上所述,以发展资本主义工商业为基本决策,以创办学校,培养新式人才,改革政治体制为辅助保证,而达到"攘外"救国的目的,这就是郑观应的资产阶级改良主义思想体系。

《盛世危言》的刊行问世,正值甲午战争民族危机严重和资产阶级维新思潮日益高涨之时,它所宣传的"富强救国"思想,在广大知识分子中引起强烈反响,加之郑观应本人在官私商界的杰出才干和较高威望,使《盛世危言》在官方乃至朝廷受到重视和推广。礼部尚书孙𪰺、安徽巡抚邓华熙,都曾向光绪推荐此书,光绪读后为该书加了朱批,命总理衙门印刷2 000部分发给属臣阅读。郑观应自己排印了500本,也很快被求索一空。而全国各省书坊翻刻印售的,竟达十多万册之多。这种情形真可以说形成了一股《盛世危言》热。

我们来看看当时人对《盛世危言》的评论:

"论时务之书虽多,究不及此书之统筹全局,择精语详,可以坐而言即以起而行也。""上而以此辅世,可为良药之方;下而以此储才,可作金针之度。"——湖广总督张之洞《盛世危言增补统编·序》。

"于中西利弊透辟无遗,皆可施诸实事。"——安徽巡抚邓华熙《上光绪帝荐书》。

"倘能从此启悟,转移全局,公之功岂不伟哉!"——洋务实业家盛宣怀《致郑观应函》。

"所载中外各事,中华人近以该书作南针,迩来场中考试常出该书所序时务为题目。"——《新闻日报》1897年3月2日。

"时之言变法者,条目略具矣。"——翰林院编修蔡元培《杂纪》。

郑观应本人对此书也很自负,他认为如果清政府能"采择施行,认真举办,于大局不无裨益"(郑观应《致盛宣怀函》),"则我国二十一行省百姓,无不感激"(郑观应《致英博士李提摩太书》,以上六条引文,均转引自夏东元《郑观应传》第四章)。

《盛世危言》对戊戌维新有直接的影响,康有为在多次上清帝书中提出的变法方针,如经济上实行"富国之法":钞法、铁路、机器、轮舟、开矿、铸银、邮政;"养民之法":务农、劝工、惠商、恤贫;政治上提倡开议院,文教上提倡改革科举制度,学习西方科技等,正是继承并发展了《盛世危言》的思想。

孙中山的早年思想,也与《盛世危言》有密切关系,孙中山是郑观应的同乡后辈,据说他在香港雅丽士医校学习时就曾与郑观应通过信,"研讨改革时政意见"(冯自由《中国革命运动26年组织史》第14页),光绪20年(1894年)孙中山向李鸿章上书,提出改良主义纲领:"窃尝深维欧洲富强之本,不尽在于船坚炮利、垒固兵强,而在于人能尽其才,地能尽其利,物能尽其用,货能畅其流。"(《孙中山选集》上卷第7页)这段话从内容到文字,与郑观应《盛世危言·自序》里的说法,几乎没有多大差别。

郑观应及其同时代的工商业者,也许永远不会忘记1903年这个不寻常的年月,这一年,清政府成立商部,这真是一件划时代的大事,自秦王统一中国二千多年来,中国第一次专门设立机构,实行保护商人、奖励工商的政策。重视工商业终于成为国家的基本经济政策。由于商部的成立,接着颁订了《公司法》(1903年),及《破产法》(1906年),各大城市相继成立商会,于是,保护工商业在中国逐渐合法化和合理化。1906年10月8日,清朝商部颁布《勋商章程》,规定按投资现代企业资金数额的多少,分别依次封子爵一、二、三等,男爵一、二、三等,以及四、五、六等卿,三、四、五品衔等。中国历史上的爵位向来多封赐予有军功的人,而清代汉人封爵尤为不易。如今,投资兴办新式企业竟可封爵,这不能不说明当时政府看重商务、奖励投资的诚心。可是,此时清政府民心已失,社会一切均不稳定,几年后,辛亥革命结束了大清帝国的命运,清朝重商的措施已经太晚了,因而不可能发生良好的效果。

(钱婉约)

《天演论》 严复

1840年鸦片战争的隆隆炮声,轰开了中华古国闭关自守的大门,在中国人面前展现出一个神秘、新奇、强盛的西方世界。在这种背景下,产生了第一代中国留学生。他们背井离乡,远涉重洋,历尽艰辛,接受欧风美雨的洗礼,开始把西方近代科学、技术和理性的火种带回灾难深重的祖国。

1876年,一位年轻的中国海军军官,作为清政府第一次派遣留欧学生中的一员,来到了英国首都伦敦。他先后在士穆德大学院和格林尼次海军大学学习。经过三年的发愤攻读,他念完了海军大学的高等数学、化学、物理、海军战术、海战公法、枪炮营垒等课程,以各门课程考试都获优等的好成绩,毕业于该校,踏上了归途。他给生他养他的祖国带回了一份厚礼。这份礼物不是大英帝国的坚船利炮,也不是皇家海军的战略战术,而是近代西方理性与科学的火种——达尔文进化论和18—19世纪的西方哲学、政治、经济思想。这位中国的普罗米修斯式的人物,就是后来以翻译《天演论》著称于世的近代启蒙思想家严复。

严复,字又陵,又字几道,于1854年诞生于福建侯官(今福建闽侯)。严复自幼好学,在少年时代接受的是中国古代学术思想的教育,着重攻读儒家经典。这使他具备了厚实的国学功底。严复14岁时,以中医为业的父亲逝世,全家生活失去依持,陷入困境,全靠母亲做女红维持生计。他由此被迫辍学,失去了富户人家子弟那种沿着科举仕途向上爬的可能,走上了一条与中国传统知识分子不同的路。1866年,由洋务派左宗棠、沈葆桢创办的福州船厂附设的船政学堂招收免费生,正辍学家中的严复立即报名应试,以第一名的优异成绩被录取。在船政学堂的5年中,严复受到了严格的西学教育,学习了英文和算术、几何、代数、解析几何、化学、地质学、天文学、航海术等近代科学知识。这为他日后接受西方新的哲学思想与科学思想打下了坚实的基础。船政学堂毕业后,严复开始了海军生涯,在海军兵船上一干就是五六年。在这期间,他乘舰南下新加坡,北上日本海,开扩了眼界,目睹了中国万里海疆的危机。然而,使严复思想发生根本转折的,是他受命负笈英伦的三年留学生活。

19世纪的英国,在西欧首先完成了工业革命,成为当时世界上最强盛的资本主义国家。同时,英国又是当时思想最活跃、学术最自由、科学最发达的国家。在这里,汇聚了包括马克思主义在内的欧洲各种社会思潮,彼此争鸣,相互荡激。被恩格斯誉为19世纪自然科学三大发现的细胞学说、能量转化定律和生物进化论,都有英国人的卓越贡献。这种充满生机的文化氛围,比之海军知识,对严复更具有吸引力。他如饥似渴地钻研各种近代学术思潮,倾心于亚当·斯密、孟德斯鸠、卢梭、边沁、穆勒、达尔文、赫胥黎、斯宾塞的学说,并亲自到法庭观看审案,考察资本主义法制建设。对于英国的资本主义社会政治,严复十分倾慕,认为:"英国与诸欧之所以富强,公理日伸,其端在此一事。"①他决心把近代西方理性与科学的火种,带回危机日益深重的祖国。

然而,学成归国后的遭遇却使严复陷入苦闷、彷徨中。他曾希望借助洋务派的力量,来实现自己复兴祖国的政治主张,但结果是大失所望。李鸿章先后任命严复为北洋海军天津水师学堂总教习(相当于今之教务长)、总办(相当于今之校长),但却不让严复参与军机要政,并因严复言辞激烈而与他日益疏远。严复还希望与张之洞拉上关系,也未能如愿。在政治上碰壁之后,严复又不得不再回到科举考试的老路上,希图通过这个中国传统知识分子参政的门径,来实现自己的主张。1888年至1893年间,他曾三次参加科举考试,但这位学贯中西的大学校长,却总未及第。

正当严复仕途坎坷、困惑迷茫之际,1894年中日甲午战争爆发了。中国军队的惨败,北洋海军的覆亡,《马关条约》的签订,宝岛台湾的割让,把中华民族推进了空前的民族危机的深渊中,使严复受到极大震动。他决心投身正在崛起之中的资产阶级维新运

---

① 严复:《〈法意〉按语》,《严复集》第4册,中华书局1986年版,第969页。

动,用他带回的近代西方理性与科学的火种点燃中国人民救亡图存的烈焰。从1895年2月起,严复在天津《直报》上发表《论世变之亟》《原强》《辟韩》《救亡决论》等文,鼓吹维新变法、救亡图存。在这些论文中,严复从比较文化学的角度分析了西方强盛而中国衰微的原因。他说:"中国委天数,而西人恃人力。""中之人好古而忽今,西之人力今以胜古;中之人以一治一乱、一盛一衰为天行人事之自然,西之人以日进无疆、既盛不可复衰、既治不可复乱为学术政化之极则。"①通过中西文化比较,严复尖锐地揭露了中国封建文化的落后性、腐朽性,提出"鼓民力""开民智""新民德"的主张,力倡"淘洗改革,求以合于当前之世变"②。他进而指出,要改革,要维新,最根本的一点,就在于变封建君主专制制度为资本主义民主制度。在他看来,"秦以来之为君,正所谓大盗窃国者耳",只有人民群众,才是"天下之真主"。③严复还指出,废除君主专制、确立人民主体,其根据在于"天赋人权"理论。他强调,自由是每个人与生俱有的神圣权利,是人之所以为人的根本条件。所谓民主,只是自由的体现。因此,必须"以自由为体,以民主为用"④。严复的这些思想,特别是他高举自由的旗帜对封建专制主义的批判,具有一种振聋发聩的启蒙作用,在当时产生了很大影响。

①严复:《论世变之亟》,《严复集》第1册,中华书局1986年版,第3页、第1页。

②严复:《原强》,《严复集》第1册,第27页。

③严复:《辟韩》,《严复集》第1册,第35页、第36页。

④严复:《原强》,《严复集》第1册,第23页。

然而，严复对于中国近代思想启蒙的最重要、最杰出的理论贡献，在于他在这时翻译了《天演论》。《天演论》原名《进化论与伦理学》(Evolution and Ethics)，是英国著名生物学家赫胥黎于1893年在牛津大学罗曼尼斯讲座所作的演讲。赫胥黎是达尔文生物进化论的拥护者。他认为，生物进化规律不仅适用于自然界，而且适用于人类社会。他的这次讲演，主要是讲世界演化中宇宙过程的自然力量和伦理过程的人为力量相互激荡、相互制约、相互依赖的关系问题，指出："社会的伦理进展并不依靠模仿宇宙过程，更不在于逃避它，而是在于同它作斗争。"[①]赫胥黎的这些思想，往往被斥为社会达尔文主义，甚至被戴上"反动"的帽子。其实，这些思想的产生有其历史的必然性与合理性。人类社会历史运动，是不同于自然变化的文化发展过程，有其特殊性，并不是用进化论这一自然科学理论所能说明的。然而，由于19世纪人文科学、社会科学尚未形成自身的研究方法，因此许多学者在探讨人类历史文化现象时，在整理当时日益丰富的历史学、人类学、社会学资料时，不得不借助自然科学方法，特别是运用影响很大的进化论作为自己的理论框架。赫胥黎与同时代的文化人类学家泰勒、摩尔根等人，在研究人类文化时都遵循着这一思路。在赫胥黎那里，尽管以进化论作理论框架有其严重局限性，但他毕竟指出了人类社会运动是一个在同自然界的不断斗争中由野蛮而文明的进化过程，揭

---

① 赫胥黎：《进化论与伦理学》，科学出版社1973年版，第58页。

示了人类文化创造的总趋势和总特点,批判了基督教的创世说,推进了人类历史文化研究。

严复在向西方寻求救国救民真理的过程中,敏锐地发现了进化论对探讨人类历史文化问题的意义。他认为,要确立一套改革变法的政治主张,仅仅依靠中国传统的思维方法,如像康有为那样用《春秋》公羊三世说宣传维新变法,并不能真正跳出"以一治一乱、一盛一衰为天行人事之自然"的陈腐观念,并不能真正达到建立新的资本主义制度的目的。而要建立新的思维方法,对人类历史文化作出新的说明,就必须像欧美学者那样,借助达尔文的进化论。因此,赫胥黎的《进化论与伦理学》出版后,很快就受到严复的重视,译成中文,取名《天演论》。天演,即进化之意。在译书过程中,严复写了大量按语,针对中国的实际,对达尔文的进化论与赫胥黎的思想作了新的发挥,表达了自己的思想。

严复认为,达尔文的进化论可归结为"物竞、天择二义"(《天演论·察变》按语)。所谓物竞,指生存竞争;所谓天择,指适者生存。在严复看来,这种生存竞争、适者生存的规律,不仅适用于自然界,而且也适用于人类社会。"天演公例,自草木虫鱼,以至人类,所随地可察"(《天演论·最旨》按语),"推之农、商、工、兵、语言、文学之间,皆可以'天演'明其消息所以然之故"(《天演论·广义》按语)。任何国家、任何民族,都是"进者存而传焉,不进者病而亡焉"(《天演论·最旨》按语)。那么,一个国家、一个民族怎样才能进步发达呢?严复强调,必须以其力奋斗,以其力立足于今日世界。他说:"人欲图存,必用其才力心思,以与是妨生者为斗。负者日退,而胜者日昌。胜者非他,智、德、力三者皆大是耳。"(《天演论·最旨》按语)这是说,一个国家、一个民族要救亡图存,就必须依凭自己的物质力量和精神力量,同危害自己生存发展的敌人进行顽强斗争。在生存斗争中,如果失败,必招灭亡,只有胜利,才能兴盛。克敌制胜的根本原因,就在于民众在智慧、道德、体质三方面强大有力。这就为严复提出"鼓民力""开民智""新民德""淘洗改革"的维新主张,提供了理论根据。

由于严复在翻译《天演论》中所做的这一番阐释,进化论远远超出了达尔文的原意和赫胥黎的解释,成为了中国人观察、思考国家民族命运的新的思维框架,促进了中华民族自我意识的伟大觉醒,成为了呼唤中国知识分子和广大民众奋起救亡的时代警钟,在中国19世纪与20世纪之交的历史回音壁上发出巨大而持久的轰鸣。可以说,在马克思主义传入中国前,还没有哪一种西方学术思潮像进化论那样对中国历史进程产生如此深刻巨大的影响。

《天演论》一经译成,尚未出版,一些维新派领袖人物就竞相传阅严复的译稿。梁启超是最早读《天演论》译稿的人,也是最早根据《天演论》做文章的人。他大声疾呼:"数千年之历史,进化之历史;数万里之世界,进化之世界……此义一明,于是人人不敢不

---

① 梁启超:《论学术之势力左右世界》,《梁启超选集》,上海人民出版社1984年版,第273页。

自勉为强者为优者,然后可以立于此物竞天择之界。"①康有为从梁启超处读到这部译稿,亦深受启发,称严复为"中国西学第一者"①。1898年4月,正当维新运动高涨之际,《天演论》正式出版,更是在沸腾的民气中点燃了熊熊的思想火焰。正如胡汉民所说:"自严氏书出,而物竞天择之理,厘然当于人心,而中国民气为之一变。"②

戊戌维新失败后,严复又翻译了一批西方著名学术著作,主要有亚当·斯密的《原富》、约翰·穆勒的《名学》《群己权界论》、孟德斯鸠的《法意》、斯宾塞的《群学肄言》、甄克斯的《社会通诠》、耶芳斯的《名学浅说》,介绍西方近代的哲学、逻辑学、社会学、经济学思想。但这时的严复在政治上渐趋保守。辛亥革命后,他甚至参与袁世凯复辟帝制的活动,提倡尊孔读经,于1921年默默地终此一生。然而,由严复翻译《天演论》而广为传播的进化论,却深入人心,继续对中国历史进程产生着重要影响。

从戊戌维新到"五四"运动,先进的中国知识分子根据救亡与启蒙的双重需要,不断地从进化论中发掘出新的意义。资产阶级革命派首先接过进化论,用它来论证民权代替君权、共和代替专制的历史合理性,发出革命的呐喊。此后,新文化运动的先驱者高

---

① 康有为:《与张之洞书》,《戊戌变法》第2册,神州国光社1953年版,第525页。
② 胡汉民:《述侯官严氏最近政见》,《辛亥革命前十年间时论选集》第2卷,三联书店1963年版,第146页。

擎起"科学"与"民主"两面大旗,把进化论作为科学的重要内容,鼓吹新文化,反对旧文化。一整代"五四"知识精英,如陈独秀、李大钊、鲁迅、胡适,都深受进化论的影响。陈独秀在《新青年》上宣传进化论,认为:"人类文明之进化,新陈代谢,如水之逝,如矢之行,时时相续,时时变易。"①"笃古不变之族,日就衰亡;日新求进之民,方兴未已。"②李大钊亦号召青年:"本其理性,加以努力,进前而勿顾后,背黑暗而向光明,为世界进文明,为人类造幸福,以青春之我,创建青春之家庭,青春之国家,青春之民族,青春之人类,青春之地球,青春之宇宙。"③鲁迅写道,他少年时代深受《天演论》的启迪,"一有闲空,就照例地吃侉饼、花生米、辣椒,看《天演论》"④。胡适则在《四十自述》中回顾了《天演论》对一代人的影响,指出:"《天演论》出版之后,不上几年,便风行到全国,竟做了中学生的读物了……在中国屡次战败之后,在庚子、辛丑大耻辱之后,这个'优胜劣败,适者生存'的公式确是一种当头棒喝,给了无数人一种绝大的刺激。几年之中,这种思想像野火一样,延烧着许多少年人的心和血。'天演''物竞''淘汰''天择'等术语,都渐渐成

---

①陈独秀:《一九一六年》,《独秀文存》,安徽人民出版社1987年版,第32页。

②陈独秀:《敬告青年》,《独秀文存》,第5页。

③李大钊:《青春》,《李大钊文集》上卷,人民出版社1984年版,第205页。

④鲁迅:《朝花夕拾·琐记》,《鲁迅全集》第2卷,人民文学出版社1981年版,第296页。

⑤《胡适自传》,黄山书社1986年版,第46—47页。

了报纸文章的熟语,渐渐成了一班爱国志士的'口头禅'。"⑤由此可见,《天演论》对中国近代的救亡和启蒙产生了巨大的推动作用。

由于翻译《天演论》、宣传进化论的伟大贡献,严复在中国近代文化史上占有极重要的位置。梁启超说:"西洋留学生与本国思想界发生关系者,复其首也。"①蔡元培说:"五十年来,介绍西洋哲学的,要推侯官严复为第一。"②毛泽东则认为,严复与洪秀全、康有为、孙中山一起,"代表了在中国共产党出世以前向西方寻找真理的一派人物"③。总之,人们不会忘记这位把西方近代科学与理性的火种带回祖国的普罗米修斯式的启蒙思想家。

(李维武)

---

① 梁启超:《清代学术概论》,中华书局 1954 年版,第 72 页。
② 《蔡元培哲学论著》,河北人民出版社 1985 年版,第 274 页。
③ 《毛泽东选集》第 4 卷,人民出版社 1966 年版,第 1406 页。

《东西文化及其哲学》 梁漱溟

1915年,随着新文化运动的狂飙突起,在《新青年》与《东方杂志》之间,就东西文化问题展开了激烈的论战。这场论战延续了近10年时间,由最初的全盘西化派与东方文化派的两极抗衡,发展为"五四"运动后因唯物史观派的介入而形成的三足鼎立,其参与者达数百人之多,发表了近千篇文章、数十部专著,颇有些2000年前"百家争鸣"的气象。这场论战的主题,就是古老的中国如何选择自己的现代化道路。在这场论战中,最有影响的学术专著,要算东方文化派代表人物梁漱溟的成名之作《东西文化及其哲学》。

梁漱溟,原名焕鼎,字寿铭,广西桂林人,1893年生于北京,1988年逝世。他的父亲梁济(字巨川),是一个在清代做过小官的知识分子,深受儒家文化的熏陶,1918年投水自杀,希望借此来挽救清末民初道德沦丧的社会状况。这对梁漱溟的思想发展,产生了很大的影响。少年梁漱溟曾先后在北京上过几个新式的小学和中学。他在上顺天中学堂时,同学中有张申府、汤用彤等后来的名学者。其时,他开始"在两个问题上追求不已:一是人生问题,即人活着为了什么；二是社会问题亦即是中国问题,中国向何处去"①。而后他一生的主要精力心机,都用在这两个问题上。1912年参加同盟会京津支部,任该支部机关报《民国报》记者。1917年应蔡元培之聘,任北京大学印度哲学讲席。1924年辞离北京大学,从事乡村建设运动,先后参加河南村治学院,创办山东乡村建设研究院。抗日战争爆发后,任最高国防参议会参议员、国民参政会参政员,主张国共两党合作抗战,积极联合中间势力,1939年参与发起组织统一建国同志会,1941年参与将该会改组为中国民主政团同盟,任民盟中央常委,并赴香港创办民盟机关报《光明报》,发表民盟成立宣言和政治纲领。抗日战争胜利后,又以第三方面人士身份,奔走和平,呼吁民主。1938年和1946年,两度访问中共中央所在地延安,与毛泽东等中共领导人就国事坦诚交换意见。中华人民共和国成立后,任第一、二、三、四届全国政协委员,第五、六届全国政协常委。1953年,他为改善农民生活问题,同毛泽东在全国政协会议上发生激烈争论,为此在政治上、学术上被冷落了近30年。1974年,他又反对批林批孔运动中以非历史的观点评价孔子,并为刘少奇、彭德怀辩护,当遭到围攻时,傲然宣称:"三军可夺帅,匹夫不可夺志!"1980年后,在政治上、学术上再度活跃,出任中华人民共和国宪法修改委员会委员、中国孔子研究会顾问、中国文化书院院务委员会主席等职。逝世后有挽联云:"一代宗师,诲人不倦;一生磊落,宁折不弯。"是为盖棺定论。

①汪东林:《梁漱溟问答录》,湖南出版社1991年版,第15页。

梁漱溟是一位实践型的哲学家。他结合亲身参加的政治斗争、乡村建设等实践活动，思考人生问题和中国问题，写下了大量的学术著述，形成了一套独特的文化哲学理论。他的主要著作有：《东西文化及其哲学》《印度哲学概论》《中国民族自救运动之最后觉悟》《乡村建设论文集》《乡村建设理论》《中国文化要义》《人心与人生》《东方学术概观》等。中国文化书院学术委员会编的《梁漱溟全集》八卷，由山东人民出版社于1989年至1993年相继出版。

《东西文化及其哲学》，是梁漱溟的早期代表作。1920年秋季，梁漱溟在北京大学上印度哲学课时，讲授东西文化问题。1921年暑假，又应山东省教育厅的邀请，去济南作了40天的同题讲演。随后，根据济南的讲演记录，参酌北大的讲课记录，整理成《东西文化及其哲学》一书，同年由北京财政部印刷局刊行，次年改由商务印书馆出版，至1930年先后发行八版。1987年商务印书馆影印再版该书。该书收入《梁漱溟全集》第一卷（山东人民出版社1989年出版）。

在《东西文化及其哲学》的开篇，梁漱溟尖锐地指出，讨论东西文化问题，是一个很急迫很现实的重大问题。这是因为，"现在对于东西文化的问题，差不多是要问：西方化对于东方化，是否要连根拔掉？中国人对于西方化的输入，态度逐渐变迁，东方化对于西方化步步的退让，西方化对于东方化的节节斩伐！到了最后的问题，是已将枝叶去掉，要向咽喉去着刀！而将中国化根本打倒！"

(《东西文化及其哲学》,《梁漱溟全集》第一卷,山东人民出版社1989年版,第335页。下引该书,只注页码)而不回答、不解决这个根本问题,"中国民族不会打出一条活路来!(第335页)

为了解决东西文化问题,梁漱溟首先从哲学本体论入手,提出了生命本体论的基本构想。这一本体论,就其思想来源言,主要是王守仁心学及泰州学派思想、柏格森生命哲学与佛教唯识学。而就其思想内容言,则力图超越这些前辈学说,确立一种非实体性的生命本体,不仅不同于传统形而上学的外在于人的实体性本体,而且进一步把生命、生活、文化统一起来,形成一种独创性的文化哲学。

在梁漱溟看来,宇宙就是一大生命,是活的,是自然变化流行的,是从古到今不断创造着的千奇百样的大世界。他很赞成柏格森的观点:"宇宙的本体不是固定的静体,是'生命',是'绵延'。"(第406页)

他进而认为,生命与生活实际上是一回事,只不过为说话方便计,而分为两截,一为表体,一为表用。也就是说,生命与生活是即体即用的,不能离生命言生活,亦不能离生活言生命。因此,可以说宇宙就是生活,不能在生活之外去设一独存的宇宙和生命本体。他说:"尽宇宙是一生活,只有生活,初无宇宙。由生活相续,故尔宇宙似乎恒在,其实宇宙是多的相续,不似一的宛在。宇宙实成于生活之上,托乎生活而存者也。"(第376页)同样,也可以说生活就是生命,生活的相续体现了生命的潜力、希望与创造。他说:"生活又是什么呢?生活就是没尽的意欲(Will)——此所谓'意欲'与叔本华所谓'意欲'略相近——和那不断的满足与不满足罢了。"(第352页)由于大生命的自然变化流行,生活也不断变化发展。这种发展是通过"现在的我"对"前此的我"的改造而实现的。"前此的我",又叫"已成的我",是我们所感知的物质世界,如白色、声响、坚硬等。"现在的我",即"现在的意欲",人们称之为"心"或"精神"。"现在的我"总是要求向前活动,而"前此的我"总是起着阻碍作用;通过"现在的我"对"前此的我"的努力奋斗和积极改造,实现了生活的相续与发展。

他又认为,文化是大生命的体现,是一个民族生活的样法。人类的创造总是表现为生活上、文化上的不断进步,总是在拓展着人的文化世界。因此,所谓文化,"原是有趋往的活东西,不是摆在那里的死东西"(第353页)。也正是这样,文化的发展受着生命流行、生活前进的规定,并由此展现为各民族文化的不同特点。"你要去求一家文化的根本或源泉,你只要去看文化的根源的意欲,这家的方向如何与他家的不同。"(第352页)

在他看来,既然文化体现着人的生命创造,那么文化就不是客观的,而是主体意识的自由活动。他反对只把文化视为被动于环境的反射,认为这抹煞了生命创造的活动与意志的趋往,是科学主义思潮用因果律解释一切的教条。他批评马克思主义的唯物史观,认为生产力并不是人类文化发展的最终动因,而"还有个使生产力发展可钝可利的东西"(第374页)。"这所以使生产力发展可钝可利的在哪里呢?还在人类的精神方面。"(第374页)所谓"精神"与所谓"意识"不同,其范围大小相差甚远。"意识"是很没有力量的,因而是被决定者;"精神"则是很有力量的,并且有完全的力量,因而是决定者。在这里,他凸出了本体所具有的生命创造力,而且隐然区分了作为科学心理的意识和作为哲学本体的精神,反对对精神、生命作一种科学意义的理解。

梁漱溟运用生命本体论的基本构想,来考察东西文化问题。他按照"意欲"的不同,把人类文化分为西方文化、中国文化、印度文化三种不同的路向:西方文化以意欲向前要求为其根本精神,中国文化以意欲自为调和持中为其根本精神,印度文化以意欲反身向后要求为其根本精神。由于这三种文化的"意欲"各异,因而它们所表现的生活态度与思维方式也不同。从生活态度上看,西方文化向前面要求,是奋斗的态度;中国文化对于自己的意思调和持中,抱随遇而安的态度;印度文化转身向后去要求,想根本取消当前的问题。从思维方式上看,西方文化着眼研究的是外界物质,所用的是理智;中国文化着眼研究的是内在生命,所用的是直觉;印度文化着眼研究的是无生本体,所用的是现量(即感觉)。在他看来,这三种文化又是人类文化发展的三步骤:第一步是西方文化,第二步是中国文化,第三步是印度文化。从西方文化的兴盛转向中国文化的复兴,从中国文化的复兴转向印度文化的再盛,是人类文化发展的总趋向。

为什么中国文化将继西方文化之后得以复兴呢？梁漱溟认为,西方文化中意欲向前要求的精神,表现为两点:一是"赛恩斯",即科学;一是"德谟克拉西",即民主。"前一个是西方学术上特别的精神,后一个是西方社会上特别的精神"(第349页)。这两种精神又是相互联系的。西方人依持这两种精神,以改造外部的环境为满足,"求诸外而不求诸内,求诸人而不求诸己,对着自然界就改造自然界,对着社会就改造社会,于是征服了自然,战胜了威权,器物也日新,制度也日新"(第494页),使西方文化大放异彩。但是,这种向前的追求和对外的改造,所解决的只是人对物质的问题,而没有解决人对人的问题,从而使西方人"完全抛荒了自己,丧失了精神;外面生活富丽,内里生活却贫乏至于零"(第505)。"他们精神上也因此受了伤,生活上吃了苦,这是19世纪以来暴露不可掩的事实！"(第391页)在这种情况下,人们感到继续顺着西方文化的路向走下去,"便全都不对了,毛病百出,苦痛万状；从前觉得他种种都好,现在竟可觉得他种种都不好"(第504页)。以孔子为代表的中国文化,与西方文化根本不同,不是着眼于外部的物质世界,而是着眼于人的内在生命。孔子儒家赞美"宇宙之生",讲求"生活的恰好""'生活的恰好',不在拘定客观一理去循守,而在自然的无不中节。"(第456页)也就是说,"相信恰好的生活在最自然、最合宇宙自己的变化"(第456页)。中国文化的这种态度,于外物的改造上难以有所成就,不如西方文化;但在人生的安顿上却有大的作用,优于西方文化。正是这样,全世界都要走"中国的路,孔家的路"(第504页),中国文化将继西方文化之后得以复兴。

梁漱溟据此对新文化运动中的全盘西化主张进行了猛烈抨击。他说:"有人以'五四'而来的新文化运动为中国的文艺复兴;其实这新运动只是西洋化在中国的兴起,怎能算得中国的文艺复兴?若真中国的文艺复兴,应当是中国自己人生态度的复兴。"(第539页)在他看来,新文化运动倡导的科学与民主,无疑是现代中国所必需的。但"现在只有踏实的奠定一种人生,才可以真正吸收融取了科学和德谟克拉西两精神下的种种学术种种思潮而有个结果"(第539页)。这是因为,"只有昭苏了中国人的人生态度,才能把生机剥尽、死气沉沉的中国人复活过来"(第539页)。因此,他主张:"以孔颜的人生为现在的青年解决他烦闷的人生问题,一个个替他开出一条路来去走。"(第539页)

《东西文化及其哲学》的出版,在当时中国学术界引起了强烈的反响。一时间,评论文章纷纷发表,或赞同,或批评,各有论列,好不热闹。严既澄称:"我对于梁君这三条路各自成走的说法,以为事实上确是如此。"[1]胡适则说,梁漱溟的这一套是"主观化的文

---

[1] 严既澄:《评〈东西文化及其哲学〉》,《民铎》第3卷第3号,1922年3月。

化哲学""那繁复多方的文化是不肯服服帖帖叫人装进整齐好玩的公式里去的"①。邓中夏更认为,梁漱溟的理论是"假新的,非科学的""代表农业手工业的封建思想(或称宗法思想)"②。随着时间的推移,人们开始比较冷静地评判该书,逐渐看到该书的意义,在于与全盘西化派的主张针锋相对,高扬了中国文化的自身价值,反对了民族文化的虚无主义,从一个新的视角对中国现代化道路的选择提出了一些值得重视的见解,并由此开启了现代新儒学思潮的发展。贺麟在40年代指出:"在当时大家热烈批评中西文化的大潮流中,比较有系统,有独到的见解,自成一家言,代表儒家,代表东方文化说话的,要推梁漱溟先生在民国十年所发表的《东西文化及其哲学》一书。""在当时全盘西化,许多人宣言立誓不读线装书,打倒孔家店的新思潮澎湃的环境下,大家对于中国文化根本失掉信心。他所提出的问题确是当时的迫切问题。他的答案当然很足以助长国人对于民族文化的信心和自尊心。"③冯友兰在80年代认为,梁漱溟先生"是新文化运动的右翼。新文化运动的口号是'打倒孔家店',梁先生是维护'孔家店'的。但是他的维护并不是用抱残守阙那样的办法,他给孔子的思想以全新的解释。这个全新的解释正确与否,姑且不论,但也是新文化的一部分,而不

---

① 胡适:《读梁漱溟先生的〈东西文化及其哲学〉》,《胡适文存》二集卷二,亚东图书馆1928年版,第65页、第76页。

② 邓中夏:《中国现在的思想界》,《中国青年》第6期,1923年11月。

③ 贺麟:《当代中国哲学》,胜利出版公司1945年版,第9页、第10—11页。

是旧文化了。所以他的《东西文化及其哲学》在当时也发生了相当大的影响。这就使他在新文化运动中取得一定的地位"①。这些都说明,《东西文化及其哲学》对20世纪中国文化发展自有其独到建树和深刻影响,对它作简单肯定或简单否定都是不可取的。要解决好中国现代化问题,它无疑是一部必读之书。

(李维武)

---

① 冯友兰:《以发扬儒学为己任,为同情农夫而执言——悼念梁漱溟先生》,《梁漱溟先生纪念文集》,中国工人出版社1993年版,第201页。

跋

今天是苏州人特别看重的冬至，又称一阳生，按《玉烛宝典》的说法为"万物之始"，在节气上特别重要。而且从东兴那里获知《虎丘书院文库》第二辑《经典的力量》已经编好，即将付梓，所以倍感欣喜！

回想缘起可以追溯到十年前，记得当时与理事会诸君茶叙，诸位有感于工商时代人心不古，世风日下，觉得应该做点事，虽然几个人的力量非常微弱，但若能发潜德之幽光，冀星火之燎原，未来总是有希望的。一致认为办一个传播传统文化的机构，能像当年唐文治先生办的无锡国专那样为挽救人心尽一点绵力。当时唐先生的老学生秦和鸣、胡子远两位国学前辈都非常支持，并提出了很好的建议，今年二老虽然已经先后永远离开了我们，但是二老对于传播优秀传统文化的执着和热忱却会给我们永远的感动和激励。我们曾经希望把文治国学院办成功，后来由于种种原因，虽然没有采用文治国学院之名，而是因为地理之宜，改成了虎丘书院，但理想和精神没有改变，这样也可以上接苏州兴办书院的文脉。苏州最早的书院南宋和靖书院遗址就在虎丘山脚下，是南宋尹焞创办的。现在虎丘山脚下专门的文化机构很少，我们办虎丘书院多少有助于增加这一地区的文化氛围，而且苏州图书馆也在虎丘书院开设分馆，也大大方便了周边群众的借阅，增添了书香。在名胜古迹的虎丘塔边有了一个可以供精神休憩的空间。

现在不乏功利主义、利己主义盛行。社会上的种种不良现象都说明道德危机、人心恶化已经到了需要引起重视的地步。2010年"精神病收治制度法律"分析报告给出的数据,我国各类精神病患者人数有一亿多,其中重性精神病患者已经超过1600万。而2015年全国最新流行病学大调查给出的数据更是惊人,全国有超过1.8亿人患有精神障碍。毫无疑问,改革开放以来中国经济增速前所未有,物质文明有了极大的提高,但前述这些问题的存在说明,只有物质的丰富并不能给人带来真正的幸福。

其实早在一次大战以后,原来对西方物质文明高度礼赞的梁启超就在《欧游心影录》中忧心忡忡地说:"讴歌科学万能的人,满望着科学成功,黄金世界便指日出现。如今功总算成了……我们人类不惟没有得着幸福,倒反带来许多灾难。好像沙漠中失路的旅人,远远望见个大黑影,拼命往前赶,以为可以靠他向导,哪知赶上几程,影子却不见了,因此无限悽惶失望。影子是谁?就是这'科学先生'。""自然界的暴力,远不及人类;野蛮人的暴力,又远不及文明人。""现在所谓光华烂漫的文明,究竟将来作何结果,越想越令人不寒而栗。"最早大力翻译介绍西方社会科学的严复更是尖锐地抨击西方300年的进化只是做到"利己杀人,寡廉鲜耻"八个字。而西方的思想家、科学家也对物质文明有深刻的反省。德国理论物理学家、量子力学的奠基人之一马克斯·玻恩就曾在他晚年所作《我的一生和我的观点》中说:医学战胜了疾病,"结果出现了灾难性的人口过剩;城市挤满了人,同自然界完全失去了接触";通讯、旅行发展的结果是"世界的一个角落里的每一个小小的危机,都会影响到其余所有的角落,并且使合理的政治成为不可能了";"汽车使整个农村成为所有人都可以到达的地方,但是道路被堵塞了,修养地被污损了。"如果这种"技术上的误用"还是可以由"技术和行政上的补救办法来及时纠正"的话,那么,"真正的痼疾更为深刻"。这就是"所有伦理原则的崩溃",因此他非常悲观地声称:即使核战争的浩劫可以避免,"对于人类来说,除了黑暗的未来以外,我什么也看不到"。这些先知深沉的忧患意识早已敲响了警世之钟,我们不能再沉迷于物质文明的霓虹灯里而不能自拔。

早在1920年,曾经奠基了上海交通大学、希望以实业救国的唐文治先生毅然辞去校长的职务,到无锡白手创办了国学专修学校。他与梁启超、严复一样也是警醒于西方物质文明造成的危机,希望挽狂澜于既倒,以兴复优秀的传统文化为己任,以"正人心,救民命"为惟一宗旨。也许个人的力量真的微不足道,但是面对问题却视若无睹,那无异于为虎作伥。

今年党的19大召开,报告中对社会基本矛盾的概括由原来的"人民群众日益增长的物质文化需求同落后的社会生产之间的矛盾。"转变为"人民日益增长的美好生活需要和不平衡不充分的发展之间的矛盾。""物质文化"物质在前,强调的是把物质发展放在优先的位置,而"美好生活"则并非物质丰富就能实现,没有文化、精神的极大提升就不可能有美好生活。而且报告中还明确指出:"文化是一个国家、一个民族的灵魂。文化兴国运兴,文化强民族强。没有高度的文化自信,没有文化的繁荣兴盛,就没有中华民族伟大复兴。"而"中国特色社会主义文化,源自于中华民族五千多年文明历史所孕育的中华优秀传统文化。"这已清楚表明党和政府在新时代将高度重视文化和精神文明建设,我们通过创办书院来传习优秀的传统文化完全符合国家的发展战略。

编写《经典的力量》是书院工作的一个组成部分,要传习优秀的传统文化当然需要以深入研究为基础,但是目前更重要的是对优秀传统文化的普及。对经典的阅读很重要,但是对大众而言,受学养和时间、精力诸方面的影响,往往力有不逮。学习的经验告诉我们,阅读一部经典,即使反复多遍,能够记住的内容也是十分有限的,给人留下深刻印象的可能就是其中的某些名言警句。因此,通过对大量名著的阅读萃集其中的精华,然后分门别类,并加以注译,汇编成册,推送给普通读者,让读者一册在手,如入书海,对于普及来说,无疑能起到事半功倍的效果。希望虎丘书院在推广经典书籍的传承的同时也能传承唐文治先生的国学教育方法,即:授课与诵读、自修与交流相结合,对难解之问题专设答疑课的教育方式。

我们觉得做这样的国学经典传承工作很值得,也很有必要。当然书编的好不好,还要经受读者的检验,在此我们真诚地希望列位方家能够不吝指正!

马亚中跋于丁酉天正